信息化赋能学生教育管理
理论与实践

朱绍勇　著

延吉·延边大学出版社

图书在版编目（CIP）数据

信息化赋能学生教育管理理论与实践 / 朱绍勇著.
延吉 ： 延边大学出版社，2024. 9. -- ISBN 978-7-230
-07083-6

Ⅰ．G645.5

中国国家版本馆CIP数据核字第2024W7U673号

信息化赋能学生教育管理理论与实践
XINXIHUA FUNENG XUESHENG JIAOYU GUANLI LILUN YU SHIJIAN

著　　者：朱绍勇
责任编辑：韩亚婷
封面设计：文合文化
出版发行：延边大学出版社

社　　址：吉林省延吉市公园路977号　　　邮　　编：133002
网　　址：http://www.ydcbs.com　　　E-mail: ydcbs@ydcbs.com
电　　话：0433-2732435　　　传　　真：0433-2732434
印　　刷：廊坊市广阳区九洲印刷厂
开　　本：710mm×1000mm　1/16
印　　张：12.5
字　　数：220 千字
版　　次：2024 年 9 月 第 1 版
印　　次：2024 年 9 月 第 1 次印刷
书　　号：ISBN 978-7-230-07083-6

定价：78.00元

前　　言

　　信息化时代的到来深刻地改变了各行各业的运作方式，更是推动了教育行业的深刻的变革。教育一直以来都是社会发展的重要组成部分，信息技术的迅速崛起为其注入了新的活力。信息化不仅提高了教育的效率，还拓展了教育的边界，让学生能够更加全面、深入地获取知识。随着互联网、大数据、人工智能等技术的广泛应用，教育管理的各个环节都发生了巨大的变化。教育资源的数字化、在线教学平台的兴起以及对学生学习数据的精准分析，都为教育决策提供了更为科学和精准的依据。

　　然而，教育信息化的进程并不是全然无忧的。教育管理者应正视伴随技术发展而来的挑战，如信息安全隐患、个人隐私保护难题及数字鸿沟的加剧等，不仅要熟练掌握信息技术工具，更要深入理解其背后的逻辑与原理，以便更好地引导学生在信息化时代实现全面发展。

　　本书聚焦于"信息技术如何赋能学生教育管理"这一核心议题，旨在揭示信息化赋能学生教育管理的新路径，通过分析各类信息技术的应用策略，为学生提供更加优质、个性化的教育资源与服务。同时，通过实践探索与经验总结，为学生教育管理工作的未来发展贡献智慧，推动其向更加科学、人性化的方向迈进。

朱绍勇

2024 年 8 月

目　　录

第一章 信息化与学生教育管理概述

第一节 信息化概述

一、信息化的概念

信息化的概念起源于 20 世纪 60 年代的日本，是由一位日本学者首先提出的，而后被译成英文传到西方。20 世纪 70 年代后期，西方社会开始普遍使用"信息社会"和"信息化"的概念。关于信息化的表述，我国学术界和政府内部有过较长时间的研讨。有的观点认为，信息化就是计算机、通信和网络技术的现代化；有的观点认为，信息化就是从物质生产占主导地位的社会向信息产业占主导地位的社会转变的发展过程；有的观点认为，信息化就是从工业社会向信息社会演进的过程；等等。

1997 年召开的首届全国信息化工作会议，将信息化的定义为："信息化是指培育、发展以智能化工具为代表的新的生产力并使之造福于社会的历史过程。"通信经济学中对信息化的定义为："所谓信息化，就是社会经济的发展，从以物质与能源为经济结构的重心，向以信息为经济结构的重心转变的过程。"信息化代表了一种信息技术被高度应用、信息资源被高度共享，从而使人的智能潜力及社会的物质资源潜力被充分发挥，个人行为、组织决策和社会运行趋于合理化的理想状态。同时，信息化是互联网技术产业发展与互联网技术在社会经济各部门扩散的基础上，不断运用互联网技术完善传统的经济、社会结构，从而通往如前所述的理想状态的一个持续的过程。

综上所述，信息化是在经济、科技和社会各个领域广泛应用现代信息技术，开发利用信息资源，建设先进的信息基础设施，发展信息技术和产业，加速现代化进程，使信息产业在国民经济中所占比重逐步上升的过程。其包括以下四个方面：

①信息网络体系。它是大量信息资源、各种专用信息系统及其公用通信网络和信息平台的总称。

②信息产业基础。信息产业基础，即信息科学技术的研究、开发，信息装备的制造，软件开发与利用，各类信息系统的集成及信息服务。

③社会支持环境。社会支持环境，即现代工农业生产，以及管理体制、政策法律、规章制度、文化教育、道德观念等生产关系和上层建筑。

④效用积累过程。效用积累过程，即劳动者素质、国家现代化水平和人们生活质量不断得到提高，物质文明和精神文明不断获得进步的过程。

二、信息化的发展

（一）信息化的发展历程

我国的信息化从 20 世纪 80 年代开始萌芽，90 年代正式启动，大致经历了萌芽、初创、发展、完善四个时期。

1.萌芽时期（1982 年到 1992 年）

我国信息化萌芽时期是全球个人电脑和计算机软件行业迅速发展的时期。随着改革开放的深入开展，我国的国民经济结构也在调整。政府和产业界认为我国计算机产业的发展，不应该只是传统的开发制造计算机硬件设备，而是要普及计算机应用，以应用带动计算机的开发、发展和创新。

2.初创时期（1993 年至 1996 年）

这一时期，我国陆续推出"金桥工程""金卡工程""金关工程"等重大电子信息工程，这是我国国民经济信息化蓬勃发展的前奏。1993 年 12 月，我国成立了国家经济信息化联席会议，提出了"统筹规划、联合建设、统一标准、专通结合"的 16 字方针作为建设"三金"工程的指导方针，随即确立了"推动信息化工程实施，以信息化带动产业发展"的指导思想，在各领域、各地区、各部门相继形成了推进信息化发展的浪潮。

3.发展时期（1997 年至 1999 年）

1997 年 4 月，首次全国信息化工作会议在深圳召开，会议通过了《国家信息化"九五"规划和 2010 年远景目标》，界定了国家信息化的含义和国家信息化体系六要素，提出了符合我国国情的信息化发展总体思路，充实和丰富了我国信息化建设的内涵。全国的信息化工作从解决应急性的热点问题，步入有组织、有计划地为国民经济发展和社会进步提供动力的正常轨道。

4.完善时期（2000 年至今）

这一时期，党的十五届五中全会通过了《中共中央关于制定国民经济和社会发展第十个五年计划的建议》，提出以信息化带动工业化，走新型工业化道路的战略举措，这成为引领我国工业化、信息化、现代化建设的基本方针。为了贯彻这一方针，中华人民共和国国家发展和改革委员会编制了《国民经济和社会发展第十个五年计划信息化重点专项规划》（以下简称《专项规划》），这是我国第一个国家信息化规划，是指导全国信息化建设的纲领性文件，《专项规划》全面分析了信息化面临的国内外形势，回顾和总结了我国信息化的成就和问题，提出了推进信息化的发展方针、发展目标、主要任务和政策措施。

我国政府在信息化的不同时期，把经济领域的信息化放在首要位置，并逐步推进社会信息化、教育信息化，尤其是高等教育信息化。党的十五届五中全会把信息化提到了国家战略的高度，标志着中国信息化大发展的时期的到来。

（二）信息化发展的趋势和挑战

1.信息化发展的趋势

2015 年以来，全球信息化进入全面渗透、跨界融合、驱动转型、引领发展的新阶段。信息技术创新代际周期大幅缩短，信息技术与其他新技术加速演进融合，信息化应用潜能裂变式释放，数据资源体量指数式增长，更快速度、更广范围、更深程度地引发新一轮科技革命和产业变革。

通过夯实信息基础设施、壮大数字经济、提升数治能力，我国信息化建设成效显著。以习近平同志为核心的党中央高度重视教育工作。随着国家教育数字化战略行动的实施，我国教育数字化取得显著成效：国家智慧教育公共服务平台得到建设，大数据赋能教育教学得到强化，教育公共服务能力得到增强。

面向未来，我国将继续大力推进教育数字化，持续优化教育顶层设计，从国家战略高度进行系统规划和整体布局，不断完善与数字教育相适应的制度设置和发展生态，整体推动教育教学模式变革，努力走出一条中国特色教育数字化发展道路。同时，社会发展对网络传输的内容和质量提出了更高的要求。因此，由数字化向网络化发展反映了技术和应用发展的必然趋势。

2.信息化发展面临的挑战

信息化在教育管理领域的应用，虽极大地提升了教育管理的效率，但其带来的挑战也是不可忽视的。

（1）信息安全

随着教育管理系统的全面数字化，数据规模急剧膨胀，且敏感性日益增强，这使信息系统的安全防护成为一个亟待解决的问题。网络攻击、数据泄漏等安全隐患时刻威胁着教育管理系统的稳定和安全。

（2）技术普及和应用的不均衡性

信息技术的快速发展并未在全国范围内实现无缝覆盖，不同地区、不同学校之间存在着明显的数字鸿沟。发达地区的学校可能拥有先进的教育管理系统和高水平的教育资源，而欠发达地区或偏远地区的学校则因技术水平滞后和资源匮乏，信息化进程较慢，这加剧了教育资源分配的不公和教育机会的不平等。

（3）给传统教育理念带来了冲击

信息化不仅是技术层面的革新，更是教育观念的深刻变革。传统教育偏重知识传授与应试评价，而信息化时代的教育则重视对学生创新能力、团队协作能力以及实际问题解决能力的培养。

第二节　学生教育管理概述

一、学生教育管理的内涵、特点和价值

（一）学生教育管理的内涵

管理的涉及面极其广泛，人们往往按照某种需要、从某种角度来看待和谈论管理，因此对管理也就形成了多种不同的解释。在管理学界对管理也有多种不同的定义。有的学者从管理职能和过程的角度，认为管理是由计划、组织、指挥、协调和控制等职能为要素组成的过程；有的学者关注管理的协调作用，认为管理是在某一组织中，为完成目标而从事的对人与物质资源的协调活动；有的学者从决策在管理中的重要地位的角度出发，认为管理就是决策的过程；有的学者从系统论的角度出发，认为管理就是根据一个系统所固有的客观规律，对这个系统施加影响，从而使这个系统呈现一种新的状态的过程。这些不同的定义，从各个不同的角度揭示了管理活动的特性。

学生教育管理是学校管理的一个重要组成部分，也是学校人才培养工作

的一个重要环节。因此，学生教育管理既具有管理的一般属性，又有其自身的特殊属性。这主要表现在以下三个方面：

①学校是系统培养专门人才的社会组织，教育和培养学生是其首要的和基本的任务。学生教育管理是学校为实现这一任务而进行的特殊的管理活动。

②学生教育管理的目的就是要实现学校在人才培养方面的预定目标，促进学生的全面发展。

③学生教育管理的任务是为学生顺利完成学业、健康成长成才提供各方面的指导和服务。为此，教育管理者需要通过科学的决策、计划、组织和控制，有效地利用学校的各种资源，包括人力、物力、财力、时间和信息等。

（二）学生教育管理的特点

1.突出的教育功能

（1）学生教育管理的目标服从和服务于教育目标

一方面，教育目标是制定学生教育管理目标的基本依据。实际上，学生教育管理目标就是教育目标在学生教育管理活动中的贯彻和体现。离开了教育目标，学生教育管理也就失去了方向。另一方面，教育目标的实现有赖于学生教育管理目标的实现。学生教育管理是实现教育目标的重要手段，只有通过有效的管理，建立和保持正常的教育教学和生活秩序，充分调动学生学习的积极性和主动性，为学生提供各种必要的指导和服务，才能保证学校教育教学活动的顺利进行。

（2）教育方法在学生教育管理方法体系中具有突出的作用

学生教育管理活动应该以现代管理活动中最常见的教育方法为基础手段，提高学生教育管理的实施效果。学生教育管理是在组织活动中实现的，组织活动离不开人的参与。人是有思想的动物，人的思想意识支配着人的种种活动，所以一切管理活动都是以人为基础进行的，只有做好人的思想工作，以思想影响人，才可以引导和制约人们的各种活动。放到学生教育管理活动中来，就是通过对学生进行思想道德教育来有效地实施学生教育管理中的行政方法、经济方法等。

（3）学生教育管理的过程同时也是教育学生的过程

学生教育管理是对学生进行指导和管理，其过程会直接影响学生德智体美劳的发展。作为向社会培养和输送人才的场所，学校学生教育管理工作的开展，一定要对学生产生积极的影响。学校要以"以人为本、民主法治、公正和谐"的理念为基础，从实际出发，遵循教育规律和管理规律，坚持实事求是，运用民主管理、依法管理、科学管理等手段，潜移默化地影响和教育学生。只有这样，学生教育管理的各项规章制度才能对学生起到引导思想和规范行为的作用。值得注意的是，教育管理者在管理过程中的情感、态度和言行对学生也有重要影响，因此教育管理者在管理过程中也应注意自己的一言一行，做好学生的表率。

2.鲜明的价值导向

（1）学生教育管理的价值导向集中体现在管理目标中

目的性是人类实践活动的基本特征。而人的实践活动的目的，总是基于一定的需要和对实践对象的属性及其变化趋势的认识与判断，因此总是体现着一定的价值观念。学生教育管理的目的同样如此。学生教育管理的目的及作为其具体展开的整个目标体系，都是基于一定的价值观念确定和设计的，体现着一定的价值观念和价值追求。因此，学生教育管理的价值导向不仅对教育管理者的管理行为和学生的日常行为起着导向、激励和评价作用，而且对学生价值观的形成和发展起着重要的引导和促进作用。

（2）学生教育管理的价值导向突出体现在管理理念中

学生教育管理理念是学校对学生教育管理的指导思想，直接影响着学校在学生教育管理过程中采用的原则和方法。

（3）学生教育管理的价值导向具体体现在管理制度中

科学而又严密的规章制度，是学生教育管理规范化、制度化和法治化的基本保证。而管理规章制度总是人们在一定的价值观念指导和影响下制定出来的，总是体现着一定的价值导向。在学生教育管理制度中，价值导向具体表现为：要求学生做什么，不做什么；鼓励和提倡学生做什么，反对和禁止学生做什么；奖励什么样的行为和表现，惩罚什么样的行为和表现等。学生教育管理制度中的这些规定无不体现着鲜明的价值导向。

（三）学生教育管理的价值

1.学生教育管理价值的内涵

价值属于关系范畴，从认识论上来说，是指客体能够满足主体需要的效益关系，是表示客体的属性和功能与主体需要间的一种效用、效益或效应关系的哲学范畴。价值作为哲学范畴，具有普遍性和概括性。关于价值的本质，存在多种观点。有学者认为，价值是抽象的信念、理想、规范、标准、关系、倾向、爱好、选择等，它看不见、摸不着，但是却时时、处处起作用，指导人的思想，支配人的行动。还有学者认为，价值是一个深奥、微妙的概念，其内涵和外延难以把握，其精神实质难以领悟。价值既不是物理的实在，也不是心理的实在。价值的实质在于它的有效性，而不在于它的事实性。价值的基础在于人类的自许，在于人类对世界的冀望，在于人类对人性（包括理性和情感）的祈愿。以上这些观点从不同角度、不同程度反映出价值的某些外部或内部特性，但都有其片面性，均不能全面反映价值的哲学本质。

笔者认为，价值在关系范畴中，主客体的存在是其存在的必要条件，具体可从两个方面来讲：一方面，主体的需要对价值的衡量具有重大意义，是衡量价值的标尺。判断事物或对象是否具有价值，也需要看该事物或对象是否可以满足主体的需要。由此可见，价值离不开主体。另一方面，客体的属性和功能是价值的载体，价值的实质，也就是客体的属性和功能对主体需要的满足。由此可见，价值同样离不开客体。

学生教育管理的价值是指学生教育管理对社会、学校和学生所具有的作用和意义，也就是学生教育管理的属性和功能对社会进步，学校发展，学生成长、成才需要的满足。学生教育管理价值的客体是学生教育管理本身。学生教育管理具有能够对学生的成长和发展、对学校实现教育目标、对培养社会合格人才发挥作用的属性与功能。学生教育管理的这些属性和功能构成了学生教育管理价值的基础。

　　2.学生教育管理价值的特点

　　（1）直接性与间接性

　　学生教育管理价值具有直接性和间接性两个特点。学生教育管理价值的直接性指学生教育管理能够不经过中介环节，直接满足价值主体的需要，即学生教育管理可以直接影响学生的成长和发展。学生教育管理价值的间接性指学生教育管理需要通过中介环节，才能满足价值主体的需要，即学生教育管理只能通过影响学生，从而间接影响社会的发展。

　　（2）即时性与积累性

　　学生教育管理价值的实现，即学生教育管理以自身的属性和功能满足价值主体的某种需要，总要经历一个或短或长的过程，因此学生教育管理价值具有即时性与积累性的特点。学生教育管理价值的即时性指学生教育管理活动在短时间内就能够迅速达到目标，从而满足价值主体的某种需要。学生教育管理价值的积累性指学生教育管理往往要经过一个相当长的过程，通过长期的工作积累，才能达到目标，从而满足价值主体的需要。

　　（3）受制性与扩展性

　　学生教育管理价值的受制性指学生教育管理价值的实现要受到其他各种因素的影响。因为学生的成长成才要受到学校内部其他因素和外部环境因素的影响，因此学生教育管理在学生成长成才中作用的发挥，也必然受到其他各种因素的制约。学生教育管理价值的扩展性指学生教育管理可以通过直接影响学生的一言一行，间接影响外部环境与因素，扩展学生教育管理自身的价值。例如，学生教育管理对科技创新的倡导会直接影响与激励学生参与科技创新活动，从而间接推动学校在科技创新方面的发展，进而提高社会的科技创新水平。

（4）系统性与开放性

学生教育管理价值是由不同价值构成的有机整体，具有较强的系统性。下面笔者将从不同角度对学生教育管理价值进行分类，从多方面解读其系统性。

第一，按主体的不同，学生教育管理价值可以分为社会价值、学校集体价值和个体价值。社会价值体现为学生教育管理对社会运行与发展的作用，学校集体价值体现为学生教育管理对学校自身持续发展的作用，个体价值体现为学生教育管理对学生个体长远发展的作用。

第二，按形式的不同，学生教育管理价值可以分为理想价值和现实价值。理想价值是学生教育管理不受任何因素影响，以理想的状态实施运作，最终实现的价值状态。现实价值是学生教育管理在现实条件下正在实现或者已经实现的价值状态。

第三，按性质的不同，学生教育管理价值可以分为正向价值和负向价值。

第四，按价值高低，学生教育管理价值可以分为高价值和低价值。

第五，学生教育管理价值具有开放性，这主要表现在以下两个方面：①随着价值主体和学生教育管理功能的变化与发展，学生教育管理的价值也会随之发展；②随着社会发展的日新月异，作为学生教育管理服务对象的学生也在不断发展变化，服务对象的改变必然会引起学生教育管理价值的变化。

3.学生教育管理价值的体现

（1）学生教育管理是培养人才的重要手段

①维护正常的教学秩序

学生教育管理对教学秩序的维护是学校有效开展教学的保障，这主要体现在以下两个方面：

第一，对学生学籍的严格管理，对学生团体的管理和引导，有助于维护正常的教学秩序。

第二，对学生群体进行系统又全面的学习管理，从而对学生形成一种正向的督促与激励，如规范学生行为、督促学生遵守纪律等，这对形成良好学风和维护正常的教学秩序十分有利。

②激励、指导学生的学习行为

"教学"虽然是"教"与"学"组合在一起的词语，但"教"与"学"是两种不同的概念。"教"与"学"是两个动作，代表着教育管理者和学生的双向互动。在教学过程中，"教"与"学"是辩证统一的，前者是主导，后者是关键。对于学生来说，学习是其主要任务，能否完成学习任务关系着学生能否成为人才。在这种情况下，教育管理者扮演着激励、指导学生顺利完成学业的重要角色。

第一，激励作用。教育管理者可以引导学生正确认识学习，让学生明白学习是实现其自身价值的重要途径。明确的学习目的，奖学金和荣誉称号的设置、对优秀学生的表彰等行为，在学习中引入竞争机制，组织各种比赛，都有助于调动学生学习的积极性和主动性。

第二，指导作用。教育管理者要引导学生及时发掘自身特点，明确学习目标，进而进行有计划、有目标的学习。

（2）学生教育管理是构建和谐社会的内在要求

学校是现代社会中不可或缺的重要社会组织，担负着培养人才、传播先进文化的重要任务。构建和谐校园，是构建社会主义和谐社会的重要内容，也是推进学校发展的内在要求。

第一，加强学生教育管理，引导和组织学生积极发挥在和谐校园建设中的主体作用，是构建和谐校园的重要保证。

第二，加强学生教育管理，建立和完善学生参与民主管理的组织形式，引导、支持和组织学生依法参与学校的民主管理，切实维护和保障学生在校期间的合法权益，引导和督促学生全面履行法律规定的义务，使学生自觉遵守国家法律法规和校规校纪，能够有力地推进学校的民主与法治建设。

第三，加强学生教育管理，妥善协调学生与学校、学生与教师之间的关系，维护学生的正当权益，实事求是地评价学生的思想品德和学业成绩，公正地实施奖励和处分，正确地处理学生中的各种矛盾和问题，可以使公平正义在校园中得到弘扬。

（3）学生教育管理是促进学生集体和谐发展的重要手段

学生党团组织、班级、学生会、社团等都是学生团体生活的主要表现形式，这些团体包含了政治、学习和生活等各方面的因素，对学生的思想有着直接而有力的影响。通过学生教育管理维护学生团体的和谐发展，不仅可以促进学生个人的健康成长，而且对校园内部的和谐稳定有积极的作用。

第一，学生教育管理有助于学生集体自觉遵守学校的规章制度，促进学生集体发展与学校发展相统一。

第二，学生教育管理可以增强学生的集体建设意识，即思想建设意识、组织建设意识、制度建设意识和作风建设意识等，加强学生间的团结互助和沟通交流，促进学生个体的良好发展。

二、学生教育管理的理论基础

（一）传统教育管理理论

1.科学管理理论

20 世纪初，科学管理理论对学生教育管理产生了深远的影响，其中泰勒（Frederick W. Taylor）等科学管理理论家的观点在推动学生教育管理的发展中发挥了重要作用。科学管理理论的核心思想是通过科学的方法和精细的组织管理来提高效率。在学生教育管理领域，这一理论引领了学校组织结构和行政管理的变革，为提高教育效率提供了重要经验。科学管理理论对学校组织结构的影响体现在对分工和协作的重视上。泰勒主张通过科学分析，将工作分解为简单明确的任务，并将其分配给最适合的人员。这种科学化的分工理念对学校组织结构的建设产生了积极影响，使学校能够更好地组织和调配各种资源，提高工作效率，学校内部的职能划分变得更为清晰，从而实现了更有效的管理和协同。科学管理理论在行政管理方面的影响主要体现在强调标准化和规范化的管理手段方面。泰勒提倡使用科学方法来制定工作标准，通过量化和规范化的管理手段来监督和评估工作的进展。标准化的管理手段也有助于提高管理效率，使学校能够更好地应对复杂多变的管理环境。科学管理理论对教育效率的提高起到了重要的推动作用。通过对工作过程的科学分析和优化，学校能够减少资源浪费，提高教育资源的利用效率。泰勒强调通过提高工作效率来实现经济性和高效益，这种理念被引入学生教育管理中，使学校更加注重资源的有效配置，以取得更好的教育效果。

2.行政管理理论

行政管理理论的兴起引领了一场学生教育管理领域的革命，对学校组织的构建和管理实践产生了深远的影响。

韦伯（Max Weber）的层级官僚制理论为学生教育管理提供了组织结构和运行机制的重要参考。官僚制理论强调组织的层级性、规范性和专业性，认为合理的组织结构和明确的权责分工是实现高效管理的基础。在学生教育管理的实践中，官僚制理论的应用促成了学校管理体系的明晰化，确保了各级管理者职责明确、权限分明，从而促进了学校日常运作的流畅与高效。此外，官僚制理论所强调的制度稳定性与可预测性，为教育管理者提供了一个稳固且可信赖的组织框架，使学校在面对变革与挑战时能够更为从容地调整策略，实现可持续发展。

西蒙（Herbert Simon）的决策理论为教育管理者提供了有益的决策思路。决策理论揭示了管理决策中的有限理性本质，指出管理者在复杂多变的环境下，依据有限的信息与资源，倾向于做出局部最优而非全局最优的选择。在学生教育管理领域，这一理论的应用促使教育管理者将焦点转向决策过程的精细化，强调对信息的广泛搜集与深入分析，以此规避过度简化的管理策略。此举不仅提高了学校管理的灵活性，使教育管理者能够敏锐捕捉教育环境的微妙变化，还促进了决策制定的科学化与精细化。通过更加审慎地评估各种因素，教育管理者能够制定出更加贴合实际、具有前瞻性的决策方案，从而推动学校在不断变化的教育生态中稳健前行。

3.人际关系理论

20 世纪中叶，人际关系理论逐渐崭露头角，为学生教育管理注入了"人本主义"的观念。这一理论的出现标志着学生教育管理转向更加注重个体需求和人际关系方面。

马斯洛（Abraham H. Maslow）的需求层次理论对学生教育管理产生了深远的影响。这一理论将人的需求分为生理需求、安全需求、社交需求、尊重需求和自我实现需求五个层次，形成了一个逐渐升级的层次结构。在学生教育管理中，理解学生的需求结构成为关键。教育管理者需要考虑学生不仅仅有学业上的需求，还有情感、社交、尊重等多层面的需求。教育管理者通过满足学生不同层次的需求，可以促进学生的全面发展，提高学校的整体教育质量。

麦克格雷戈（Douglas Mc Gregor）的 X-Y 理论也在学生教育管理中得到了应用。这一理论指出，在管理中存在两种理论，即 X 理论和 Y 理论，X 理论认为员工普遍不喜欢工作，需要强制控制；而 Y 理论则认为员工可以自我激励，并具有创造力和责任心。在学生教育管理中，教育管理者可以根据不同的情境和师生的特点选择适当的管理理论指导自身的管理风格。

人际关系理论在教育组织与人员管理中产生了深远而积极的影响。教育管理者开始深刻认识到，关注教师和学生的情感需求是提升教育质量与管理效能的关键。通过构建和维护良好的人际关系网络，营造出一个相互尊重和信任的环境，不仅能够显著提升教师的工作满意度与职业幸福感，还能有效促进学生学习的积极性。

（二）现代教育管理理论

1.系统理论

系统理论的引入为学生教育管理领域带来了深刻的变革和丰富的理论内涵。20 世纪下半叶，系统理论在学生教育管理中得到广泛应用。系统理论的引入充实了学生教育管理的理论体系。传统的学生教育管理理论主要侧重规划、组织、领导和控制等方面，而系统理论为传统的学生教育管理理论提供了更加广阔的视野。通过将学校看作一个有机的整体，系统理论将关注点从单一部分扩展到整个组织系统，强调各个组成部分之间的相互关系和互动。这使学生教育管理理论更为全面、立体，从而能够更好地适应学校组织的复杂性。

学校是一个复杂的多子系统集合体，涵盖行政、教学、财务、学生管理等众多方面。系统理论的核心在于揭示这些子系统间的相互依赖关系，使教育管理者能够全方位洞察学校的运作逻辑。在学校中，任何决策或变革都不再是单一行为的体现，而是受到整个系统架构及其子系统间互动影响的综合结果，这要求教育管理者采取更为综合、全面的管理策略。

系统理论的引入让教育管理者深刻认识到学校系统的动态性和持续演进性。学校不再是静态的存在，而是不断适应外部环境变化，通过内部调整与反馈机制提升自我适应和学习能力的有机体。这促使教育管理者具备更广的战略视野，以灵活应对学生教育管理领域复杂多变的情况，确保学校的稳健前行。

系统理论为学生教育管理实践提供了系统性的方法论支持。它鼓励教育管理者运用系统思维，从整体上把握问题，制定策略，并推动学校整体发展。这种方法论不仅提升了教育管理者应对挑战的能力，也为学生教育管理领域提供了新的理论工具和思维方式，丰富了教育管理学的理论体系。

2.变革管理理论

随着社会变革的加快，变革管理理论在学生教育管理领域的运用备受关注。变革管理理论在学生教育管理领域的运用体现了学校提高组织适应能力和灵活性的迫切需求。社会的不断变革和发展使传统教育模式和组织结构面临着巨大的压力。变革管理理论强调组织在变革过程中的有效管理，以确保组织在变革中能够迅速、灵活地适应新的环境。在教育领域，学校组织需要更加注重灵活性和创新性，以适应信息化时代对教育的新要求。通过应用变革管理理论，学校可以更好地规划变革目标、组织变革过程，并确保变革的平稳实施。

变革管理理论为学校教育系统的转型与升级提供了坚实的理论基础与实操指南，助力学校高效整合资源、强化内部沟通，并精准监控变革进程。在理论指导下，学校能够清晰地勾勒出变革的蓝图与阶段性任务，从而显著提升自身变革的效率与成功率。面对外部环境的诸多挑战，如政策法规的调整、社会需求的多元化及科技的快速发展，变革管理理论鼓励学校采取积极主动的态度，密切关注外部环境的变化，并充分利用外部环境中的积极因素，灵活调整变革策略，以有效抵御不利影响，确保变革的顺利进行。为了有效应对外部环境的挑战，学校还需要建立开放的沟通机制，与外部利益相关方保持良好的合作关系，并与家长、政府、企业等各方进行合作，获取更多的资源和支持，共同推动学生教育管理领域的变革。

三、学生教育管理的原则

（一）方向性原则

学生教育管理是学校教育教学及办学内容中的重点之一，涉及学校教育教学的各个方面。学生教育管理工作的成效直接影响教学目标能否完成。方向性原则指学生教育管理目标的确定、学校教育活动的开展，都需要参考学校育人的总体目标。学生教育管理目标的确定还要以国家教育方针为准则。方向性原则是学生教育管理中的决定性原则，只有坚持这一原则，学生教育管理的总体目标才能是科学的、正确的。学生教育管理坚持方向性原则，需要做到以下三点：

1.提升教育管理者的政治觉悟和意识

学生教育管理的服务对象是特定的社会和阶层，在特定的社会和阶层中，学生教育管理呈现出目的的差异性、理念的相异性和方式方法的区别性等特点。因此，提升教育管理者的政治觉悟和意识是很有必要的。在学生教育管理工作开展的过程中，教育管理者要坚持正确的思想方向，以切实提高学生的责任感、使命感。

2.保持管理制度的合法性，体现管理的政治导向性

坚持方向性原则，也是学校学生教育管理工作自觉接受党的领导的具体体现。这种方向性的坚持，是要以党的方针政策为核心的。具体来看，学校的各项制度是贯彻落实党的方针政策的途径之一。

因此，学校在制定各项学生教育管理制度时，一定要以国家的相关法律法规为参照，与国家法律法规保持思想和方向上的一致。在践行学生教育管理方向性原则的过程中，教育管理者要使学生坚定理想信念。

3.管理目标的调整需要整合时代的需求

在不同的时代和不同的时期，党和国家的阶段性目标和任务是不一样的。这需要学生教育管理工作紧扣时代发展的主题，在目标的制定上与时俱进、不断调整。

（二）发展性原则

学生教育管理的发展性原则主要体现在：一是学生教育管理工作本身呈现出来的发展性特征，二是学生教育管理对学生全面发展的作用。从学生教育管理自身出发，当前我国社会生活的发展变化十分复杂，学生教育管理工作的各个方面都呈现出剧烈变化，这就要求教育管理者及时修正和调节学生教育管理的结构、方法、目标和手段等。

1.要树立正确的发展理念

在思想和行动的关系中，思想是行为的探路者。发展理念决定了管理手段和管理结果。在传统的学生教育管理中，教育管理者更注重学生管理的制度建设，期望用制度对学生的行为进行约束和管理，忽视了与学生的沟通交流。这种管理方式容易伤害学生的自信心，打击学生的主动性，难以促进学生全面发展的目标的实现。如今，在学生教育管理实践中，教育管理者勇于打破常规，不断更新教育管理理念，以促进学生的全面发展。

2.要不断推进管理创新

不断推进管理创新，主要针对管理本身的发展而言。学生的全面发展，是通过一定的管理途径来实现的，这种管理途径实际上也是一个需要不断创新的过程。随着社会的进步和发展，学生教育管理工作所面临的问题也越来越多，学生出现方向性迷失的情况时有发生。如果学校的学生教育管理方法得不到创新发展，就无法适应学生的各类新需求。因此，管理创新也是学生教育管理的一项重要任务。

第三节　信息化背景下学生教育
管理的创新发展

一、信息化对学生教育管理的影响

信息化的浪潮深刻地改变了学生教育管理的面貌，从教育方式的根本性变化到教育内容的创新呈现，再到教育管理方式的智能化升级等，每一个环节都彰显了信息化的强大影响力。

第一，信息化使教育方式发生了根本性的变化。传统的课堂教学逐渐演变为数字化、网络化的教学形式，学生借助互联网的海量资源，拥有了更加广泛的学习渠道和灵活的学习形式。这种变化赋予了学生更多的自主权和选择权，使他们能够根据自己的学习节奏和兴趣定制个性化的学习路径，从而激发他们的学习兴趣并提高他们的学习主动性。

第二，信息化改变了教育内容呈现和传递的方式。多媒体教学、虚拟实验室等信息化教学手段的运用，使原本抽象复杂的知识变得生动直观，易于学生理解和接受。这不仅丰富了教学资源，还促进了跨学科知识的融合与渗透，有助于提高学生的综合素养和全面思维能力。

第三，信息化给学生教育管理带来了革命性的变化。学校通过引入数字化、智能化的管理系统，实现了教育资源的优化配置和高效利用。数据分析技术的应用为教育决策提供了科学依据，提高了教育管理的精准度和有效性。此外，远程教学、在线评估等新型教育模式的出现，更是为教育管理体系增添了活力。

第四，信息化给学生带来了全新的学习体验。数字化学习平台为学生提供了个性化的学习环境，使他们能够在轻松愉快的氛围中享受学习的乐趣。同时，互动性强的在线学习平台促进了学生之间的交流和合作，有助于培养他们的团队协作能力和社会交往能力。

第五，信息化打破了地域和时间的限制，使优质教育资源得以在全球范围内共享和流通。这不仅有助于缩小不同地区、学校之间的教育差距，促进教育的均衡发展，更为广大学生提供了平等的学习机会和广阔的发展空间。

第六，信息化推动了师资培训方式的变革。传统的师资培训方式受限于时间和空间，而信息化则为师资培训提供了更加灵活多样的途径。教师可以通过在线培训、数字化教学资源分享等方式随时随地地更新自己的知识和技能，不断提升自身的专业素养和教学能力。这不仅提高了教师培训的效率和质量，也促进了教育理念的更新和变革。

二、信息化背景下学生教育管理的多元探索

（一）创新学生教育管理理念

1.领导者层面：树立"以人为本"的理念

随着时代发展，学校的信息化建设迫在眉睫。在进行信息化建设时，学校领导需要认真分析信息化的发展趋势，保持清醒的认知，充分了解信息化发展需要消耗的学校资源、关系到学校的哪些职能部门、需要调动哪些人员等，并进行科学规划，找准时代发展方向，严格落实各项规划，严格跟进信息化的部署工作。

学校的信息化建设需要学校领导主动学习相关理论和相关观念，通过自身积极主动的学习，带动学校信息化建设。与此同时，学校领导还应该有整体性思维、全局意识，能够进行统筹规划，在对学校进行充分调研和考察的基础上，制定出适合学校发展的信息化方案。通过不断发展，很多学校认识到应该成立专门的信息化校级管理机构，对信息化发展进行集中管理和规划，这有助于明确学校的信息化培训目标，掌握信息化的发展策略。

此外，学校领导需要具备"以人为本"的建设理念，认清学校信息化服务本质；注重信息化建设过程的管理，采用建设阶段目标和建设奖励方法，带动学校教职工参与信息化建设。在信息化建设的过程中应用系统动力学理论，也就是在建设过程中运用项目的管理思维进行信息化管理，将信息化建设当作一个庞大的项目，从管理学的视角进行建设资源分配，寻求各方面的平衡。采用项目管理的方式有利于达到信息化建设管理的最好效果，从而有效指导学校的信息化建设工作。

2.学生层面：自觉积极使用信息化系统

学校信息化建设要求学生具备一定的信息化素养，学生对于新鲜事物的接受能力较强，比较容易掌握信息化平台和产品的使用方法。但应该注意到，学生的思想还未完全成熟，在培养其信息化素养的过程中，学校应该注意给予他们正确的思想引导，及时规避互联网对其产生不良影响，确保信息化的建设为学生的学习和生活提供便利。

（二）创新学生教育管理组织结构

信息化发展应该创新学生的管理组织结构，组织结构的创新可以为学校发展提供动力。学校的信息化建设不仅是计算机或者多媒体设备的增加，还需要学校管理组织结构进行创新。只有管理环节跟上信息化建设的速度，才能实现信息化的良好应用。为此，学校应根据自身的实际发展进行资源重组，实施科学、合理、有效的设计，包括流程设计、目标设定等。

1.完善学生管理信息化组织结构

学校应成立专门的领导小组或者工作委员会，负责信息化建设相关的目标设定、流程规定，并进行总体管理调度，协调各个部门的工作，管理工作人员，保障信息化建设工作能够有序地开展。信息化组织结构对于学校的信息化建设有着重要作用，完善学生管理信息化组织结构，有利于提高学校整体的管理水平，促进资源的高效利用。

信息化组织结构的建设需要不断完善，形成一定体制。信息化领导小组是学校信息化建设的主管部门，负责管理各个项目的推进和应用，也包括管理人员的调动。同时，信息化领导小组是校园信息化建设的主要管理部门和服务部门，是服务的提供者，也是学校信息化平台的使用者。信息化服务平台是整个校园信息运作的保障，学校必须建立健全相关体制，保证信息化组织的有效运行。

2.优化学生教育管理组织结构

（1）学生教育管理组织结构的主要类型

①直线型层级结构。学生工作组织结构一般是直线型的层级结构。直线型结构的优点是决策可以快速传达、操作灵活，有利于学校资源的高度整合。但是直线型结构也有其不足，主要体现在管理职能有交叉，甚至重叠，而且横向结构之间很难进行有效沟通。当开展整体学校工作时，会涉及不同部门，如保卫处、团委、党委、后勤等，这些机构都属于横向层次，彼此之间没有管理权，也没有决策权，在具体工作中如果不能进行有效沟通，会出现工作无人负责的局面。

②横向职能型结构。横向职能型管理结构最初起源于西方学校，我国学校很少使用这种管理模式。这种管理模式的特点是管理层直接面向学生开展工作，工作直接由学校分配，学校直接面对学生，相比于直线型的管理结构，横向职能型结构的分工更加明确，避免了信息传达的失误，各个部门之间沟通更加便利，有利于学校指挥各项活动。横向职能管理结构最大的优点是范围跨度大，容易协调，可以多头并进开展具体工作。

（2）网上业务协同矩阵管理结构

网上业务协同矩阵管理结构越来越受到师生的欢迎，被应用到学校组织管理中。当前，数字化建设在校园内普遍实行，师生的信息化素养也得到提高。信息素养提高后，师生不满足于本部门内部的信息和业务服务，需要寻求更多的跨越部门、跨越职能的信息交流和信息服务，而跨越不同职能的信息业务处理和信息服务便需要通过网络实现。此外，网上业务协同最明显的应用是校园一卡通，校园一卡通集合了学校门禁、学校图书馆借还书及学生食堂消费等功能，涉及学生处、教务处、学校保卫处及图书馆等部门，一卡通的综合应用体现了网上业务协同管理结构应用和建设的成熟。

目前，学校基本实现了简单的信息化综合管理，设立了信息化相关的新职能、新岗位，为信息化的综合协调提供了保障。例如，成立信息化服务中心、校园一卡通管理和服务中心等。信息化的系统和体制建设能有效协调各个部门，实现学校信息化综合管理。

（三）创新学生教育管理业务流程

随着学生教育管理信息化的推进，学校各个职能部门之间应该主动应用信息化手段，积极进行学生教育管理流程创新。可以说，管理的信息化体现为管理的流程化。除此之外，学生教育管理业务流程的创新需要充分了解传统业务流程的不足，结合学生对业务办理的新需求进行流程创新和再造。在这个过程中，学校应该遵循"以人为本"原则，尊重学生的合理需求，进行流程简化、增加和整合，从而实现高效办学。

1.改进传统学生教育管理流程

（1）在信息平台下实现组织结构的扁平化和流程化

学生教育管理的流程应该借助信息化手段，实现组织结构扁平化转变。学校应通过调查和研究，以学生的基本需求为出发点，改善业务管理流程，不断缩小直线管理层级，将组织结构变得扁平化。扁平化的组织结构有利于学校领导更好地了解师生的真实需求，缩短学校和师生之间的距离。

学校还应该实现组织结构的流程化。流程化的组织结构有利于实现学校管理任务和管理目标。流程化的组织结构以核心任务为中心，分配工作人员，通过不同职能部门的配合，完成管理任务和管理目标，这种方式加强了学校不同部门之间的交流和联系，促进了教学信息的流动，充分发挥了学校各个部门的职能优势，实现了资源最大化利用。例如，按照传统的管理模式，学校最高层级的领导如果要了解学生的基本情况，需要多个部门传达、汇报信息，而组织结构扁平化和流程化后，学校最高层级的领导可以不受部门限制，通过信息化平台了解学生的基本信息。

（2）基于现代信息技术构建网络化协同管理平台

学生教育管理工作涉及各方各面，是一项复杂的管理业务。信息技术的出现为学生教育管理工作的优化提供了更多选择，以信息技术为基础建立的网络化系统管理平台，可以有效整合学校信息资源，实现综合管理，为学生提供更加便利的服务，打破原有不同部门之间的壁垒，真正实现学校信息共享。

（3）集成相关业务，简化业务流程

为实现业务流程的革新和再造，学校应组合散落的业务，优化业务流程，创建高效顺畅的协同管理平台；应删除传统业务流程中多余的、冗杂的步骤，进行程序精简，以实现管理的轻便化和自动化；应避免获取重复的信息，通过一次性的信息获取，实现更高效率的信息集成；应降低办事流程中和各个部门工作人员接触的频率，简化办事步骤，实现各个部门之间的业务集成；应避免活动分散，将类似的业务进行整合，实现任务集成。

在学生教育管理过程中，业务流程的整合体现在将学生的信息进行有效归类，以便更好地利用；在管理过程中公开办事环节、办事流程，减少信息传递环节；通过信息化手段进行信息统计、录入工作，减少人工统计的工作时间，有效提高办公效率和办公速度。工作人员的主要工作内容是对信息进行整合、加工处理及深入研究。

2.设计学生教育管理信息化流程

学生教育管理信息化流程涉及很多因素、不同的部门，各个部门之间是相互影响、相互制约的关系。通过确立明确的管理目标，设计不同环节之间的先后顺序，确定各个部门之间的转承关系，促进学生教育管理信息化流程的改革，为学生提供更有效的信息化服务。

（四）创新学生教育管理手段

1.革新学生教育管理方式

学生教育管理方式应当与信息技术的应用和发展同步更新。为制定新的学生信息管理制度，学校应该成立信息化管理领导小组，设立管理目标，明确管理方法，进行项目管理。项目管理指在管理过程中以系统科学理论对项目进行科学有效的管理，以便更好地实现任务目标。项目管理过程中项目的提出，应当根据学校学生教育管理的需要、具体的需求进行流程策划、思路规划及方法选择。

对信息化管理方式的应用，要求教育管理者转变管理思路，从传统的封闭局限性的管理向整体的开放式网络管理转化，由人工单向管理向网络批量科学管理转变。同时，教育管理者在管理过程中还应该积极使用现代信息化技术，创新管理方式，拓宽管理途径。

2.提高教育管理者素质

管理机制是固定的，管理机制作用的发挥需要依赖教育管理者，管理的效果也取决于教育管理者的素质。加强对教育管理者素质的培养，有助于学生教育管理机制发挥更大效用。学生教育管理队伍应该由多层次的教育管理者组成，这些教育管理者不仅应该具备管理理论知识和管理能力，也应该具备教育责任感和使命感，还应该具备实际的管理工作经验和创新能力，能够熟练使用网络技术，并能够根据学生需求进行工作方式的创新和改革。

通过管理机制保障教育管理者的权益。管理机制的存在有助于明确职责、梳理关系，有利于学校学生教育管理部门进行有效管理、提高教育管理者的主观能动性。管理机制建设应该包括培训机制建设。学校可以通过老带新或其他方式，促进教育管理者之间的内部交流。同时，学校应该加强技能理论培训，通过聘请有计算机和信息技术基础的人才，对教育管理者进行信息化产品培训，使教育管理者掌握计算机知识和技能。这一举措有助于教育管理者能力的提升，也能够促进学校学生教育管理组织机构更好、更快的发展。

三、信息化背景下学生教育管理创新策略

在信息化背景下，推进学生教育管理创新是必要且迫切的，这主要基于以下三个方面的原因：

第一，推进学生教育管理创新的必要性体现在创新可以满足教育发展的需求。随着我国社会的快速发展，教育也在不断变革。无论是学生数量的增多还是学校教育规模的扩张；无论是国家层面教育改革的深化，还是学校内部对学生实行人性化管理的要求，都需要学校尝试新的管理方式和工作模式，需要学校以创新来应对外界环境的不断变化。每一次创新都是学校改革的挑战，每一次创新都是对教育需求的满足。

第二，推进学生教育管理创新的必要性体现在创新可以满足学生教育管理工作的需求变化。学生教育管理工作是与学生生活、工作、学习、情感等相关的管理工作，当今学生生活的社会环境是不断变化的，无论是人们的生活方式还是思想观念，都变得异常丰富和多元。在这样的社会背景下，学生思想变得更加开放，自我意识逐渐苏醒、法律意识得到增强、责任感得到提升，也更愿意表达自我，更加关注自我需求。因此，学校必须尊重学生的自我意识，适应时代的发展潮流，不断创新学生教育管理工作的管理理念、手段和模式，通过创新实现科学有效的管理，实现学生的价值。对学生教育管理进行的创新不仅可以满足学生对教育的需求，也可以满足教育自身的发展需求。

第三，推进学生教育管理创新是培养创新人才的需要。随着科学技术的不断发展和进步，要满足社会对人才的需求，必须加大对学生的培养力度，培养综合素质足够高的专业化人才。要实现人才的培养目标，必须加大教育创新和制度改革力度，不仅要创新教育管理观念，还要创新人才培养模式。学生教育管理创新是培养创新人才的需要，也是教育创新的主要内容之一。

（一）注重学生的情感教育

所谓情感教育，指在日常管理过程中，学校要充分发挥情感因素的积极作用，做到"情"与"理"有机融合、相辅相成。注重学生的情感教育尤其需要注意以下四个方面：

第一，以人为本。学生是学校管理的对象，是具有独立意识和人格的人。

第二，以情为基。情感教育的目的在于教育，但要注重寓情于教的方法导入。

第三，因势利导。开展情感教育的前提是尊重学生的个性和独立性，因材施教。

第四，以情激情。重视情感的推动作用，适时表扬学生，向学生传播正能量，培养学生积极向上的品格。

（二）树立正确的人本观念

第一，树立师生平等意识。要促进师生之间的良好交流和沟通，学校必须采取有效措施，改善师生关系。师生关系应是平等的，是基于人格平等上的合作交流关系。在师生关系建立中，必须凸显学生的核心主体地位，教师要起到良好的引导作用。在具体的教学管理活动开展中，教师要让学生学会自我管理，而不应进行过多干预。

第二，建立人性化的规章制度。科学完善的规章制度是学生教育管理的重要保障。在学校管理制度建设中需要建立符合学生心理特征、年龄特征、班级特征的人性化制度。

第三，尊重学生的个体差异。素质教育的最终目的是实现学生的个性发展，要在教育之初认识学生在学习基础、理解能力等方面的差异。要从根本上提高教学效率、保证教育成功，必须尊重学生的个体差异，采取个性化和专门化的教育方法，通过加强个性化教育，为学生创造良好的学习环境和学习氛围，提升学生的思维创新能力。

第四，教师必须认识到，学生是发展中的学生，学生之所以称为学生，是因为他们需要被教育。学生的成长除了受遗传因素影响，还受到外界环境、后天教育的影响，尤其是在当今社会环境下，学生的思想变得更加多元。在自身遗传因素、外在环境和后天教育的共同影响下，学生逐步从青涩走向成熟。然而，学生成熟的过程是时而缓慢、时而快速的，教师必须树立"学生是不断变化的"意识，不应用成人的思想标准要求学生，而是要对他们实行动态化管理。

第五，培养学生的责任感。在对学生责任感的培养时，主要要培养他们的道德感。教师应鼓励他们展现自己的个性，还要培养他们对自己负责、对社会负责的意识。

（三）树立"以学生为本"的管理理念

树立"以学生为本"的管理理念，从学生角度出发进行教育管理，是实现学生教育管理创新的基础。一些管理学家指出，人是管理最重要的因素，也是一种管理资源。"以学生为本"的教育管理理念，就是要将学生看作管理的重点，围绕学生的需求开展管理工作，关心学生的日常生活，尊重学生的个人意愿，鼓励学生发展个性，满足学生个人发展需求，加强学生的自我管理。

"以学生为本"的管理理念要求教师深入了解学生的需求。只有在了解学生的基础上，才能开展针对性的管理。与此同时，应该把提高学生的综合素质能力和创新能力水平作为教育的出发点，在管理过程中使用科学、民主的管理方式，最大限度地调动学生学习的主动性、积极性，营造学生是学习主人翁的良好氛围，使学生认识到他们不仅是被管理的对象，也是自我管理的主体。

学生教育管理工作需要学校全体人员共同参与，形成管理合力。学校应提高各部门人员参与学生教育管理工作的程度，建立整体性的管理体系，以学校主要工作部门为管理主体，部门内的相关人员，包括教职工及学生干部等，共同进行学生教育管理，为学生的生活、学习提供服务。

（四）运用现代科学技术推进学生教育管理手段创新

随着互联网的快速发展，我国许多行业发生了巨大的变化，教育也不例外。互联网技术逐渐走进校园，促进了学校各项工程的建设。校园网的建设为学生提供了用网渠道，校园也成为互联网用户的密集区域。学生在日常生活中主要依靠互联网获取生活所需的各种信息，互联网对他们的日常生活、学习，价值观念、思维模式都产生了非常深刻的影响，这对学生教育管理也提出了新的挑战。为此，教育管理者需要掌握互联网技术，利用网络实行创新，开拓管理途径、丰富管理手段，将传统学生教育管理升级为信息化管理。只有这样，学生教育管理工作才能真正发挥作用。

第一，建立学生的信息数据库。学生信息是开展教育管理的基础，掌握学生各方面的信息，有助于开展针对性的管理。为了更好地收集学生的基本信息，学校应该从入学开始记录学生的各种信息，建立学生信息数据库。例如，登记学生的家庭状况、经济状况等，对有需要的学生提供必要的帮助；记录学生的学习成绩、参与社会实践的情况、获得的各种奖项等，以扩宽管理的维度。

第二，建立学生数字化管理平台。针对学生教育管理，学校应该建立专门网站，形成管理组织群，如微信群、QQ 群等，通过网络进行有效管理。网络管理平台需要符合学生对教育的需求，改变传统的单向沟通模式，做到生活化管理，服务于学生生活，与学生进行自由、平等的沟通，了解学生的思想。数字化管理平台有利于提高学生对管理的兴趣，使学生积极、主动地参与管理。

（五）推动学生教育管理运行机制创新

学生教育管理的中坚力量是学生工作管理队伍，其行政组织形式是管理机构，管理机构主要负责学校组织内部的活动管理，也负责调度学校内各个部门的力量，综合管理资源，实现科学有效的管理。为了提高管理水平，学校应该推动学生教育管理运行机制的创新。

当前，学校学生管理机构主要由学校的党委副书记带头，由学生工作负责人、班主任及学生干部组成，班主任是直接接触学生的管理者，他们的能力水平高低直接决定学生管理工作的效率高低。为了提高学生管理工作的整体水平，学校应对班主任进行专业化培养，提高其对工作的认真程度。

在对学生进行管理的过程中，学校应进行人员和管理层次分配，建立学校、年级、班级、宿舍四个管理层次。学校层次主要包括校团委、校学生会、心理辅导园地，年级层次主要包括年级团总支、年级学生会、年级党支部等，班级层次包括班级团委、班级班委，宿舍层次主要包括宿舍长。在人员配置上，校党委副书记主要负责统筹学校的全部工作；班主任主要负责班级的具体事务管理工作；学生干部负责学生的组织管理工作及自我管理工作。

（六）建立多元互动的学生教育管理体系

学校进行学生教育管理的主要途径是制定规章制度和行为规范，约束学生行为，引导学生思想正确发展，帮助学生成长为合格的社会主义接班人。学生发展的过程受到很多因素影响，学生教育管理工作必然需要多元的管理主体。在多元管理主体中，学校是主要的管理者，社区是学生教育管理工作的支持者，家庭是学校开展学生教育管理的合作伙伴。

学校是学生接受教育的重要场所。学校的规章制度和相关管理方法，需要建立在充分尊重和了解学生的思想特征和实际情况基础上，明确科学合理的人才培养目标，还要在结合学生身心发展规律的基础上，实现刚性管理和柔性管理的有效结合，凸显思想教育的激励价值，营造良好的教育管理氛围。

作为学校学生教育管理的重要支持者，社区和企业已经成为学校教育管理活动中不可或缺的组成部分。社区是学生开展日常活动、娱乐及与人交往的主要区域，也是学生进行课外学习实践的主要区域。

家庭是学生教育管理体系中不可分割的一部分。要加强学生信息化管理，还需要学生家长的配合。只有在综合考量教师和学生家长交流信息基础上建立起来的学生家长联系制度，才能真正发挥应有的作用。例如，多数家长不仅通过电话和学校联系，还通过在学校官网留言或发送邮件反馈信息。这从根本上促进了学生教育管理工作的有效落实，扩大了学生管理方法的应用范围，从根本上优化了学生教育管理效果。

学生教育管理工作创新难度较大，教育管理者必须在结合信息化思维的基础上，不断创新和完善学生管理方法，及时了解学生管理变化情况，从根本上推进学生教育管理的创新。

第二章　大数据背景下的
学生教育管理

第一节　学生教育管理
大数据的类型和特点

一、学生教育管理大数据的类型

大数据技术是推动学生教育管理由传统的科学管理向文化管理转化的重要力量，随着学校大数据平台的建设及信息技术在校园的广泛运用，学生教育管理大数据呈现多样化、复杂化、动态化的趋势。按照不同的角度，学生教育管理大数据可划分为不同的类型。

（一）按性质划分

按性质划分，学生教育管理大数据可分为结构化数据、半结构化数据和非结构化数据。结构化数据是工整的数据，它可以用二维表的结构进行逻辑表达，属于关系型数据。非结构化数据包括文本、智能硬件结合数据、图像和音频/视频信息等形式的文件，不适合用二维表存储。而半结构化数据，顾名思义，既不属于结构工整数据，也不属于非结构工整数据，而是介于二者之间的数据，如 HTML（hypertext markup language，超文本标记语言）文档就属于半结构化数据。半结构化数据一般是自描述的，数据的结构和内容混在一起，是用树、图来表达的数据，和其他领域的大数据有着相似的特征。

（二）按来源划分

目前，大部分学校都已经建成了校园网。各学校在校园网建设的基础上，形成了学生上网认证系统、校园门禁系统、教务管理系统、财务系统、校园消费查询系统、图书借阅管理系统、学生自主选课系统等应用系统，在数字化校园建设方面取得了很大进步，在人才培养和学生健康成长方面发挥了重要作用。经过多年的运行，这些系统产生了大量数据，构成了学生教育管理大数据的主体。同时，学生在互联网上的浏览、交流活动所产生的数据，也是学生教育管理大数据不可忽视的组成部分。

1.学生行为数据

学生管理系统中往往包含了学生的基本信息、家庭情况、奖惩信息、心理健康信息等数据资源，这些结构化数据中蕴含了大量的学生行为特征信息，可以作为分析学生行为、兴趣爱好及预测违纪行为的重要数据来源。学校财务系统和校园消费查询系统则能够反映学生的缴费情况等信息，以及在一定时期的就餐和其他消费情况，是分析学生的家庭经济状况的参照。

2.学生学习数据

学校教务管理系统整合了学生考勤信息、考试成绩、教师上课评价等有效信息，是学生学习行为的全面反映。图书借阅系统储存了学生的所有借书信息，学生自主选课系统则记录了学生网上选课的信息，这些信息反映了学生的学习兴趣，可以成为学习推荐服务的重要参考。

3.学生社交数据

新媒体技术的发展，使学生对使用网络和新媒体开展社交产生了浓厚兴趣。学生在使用微信、微博等网络平台和相关应用时会产生大量碎片化的数据，这些数据不仅包含了学生交流的信息，也蕴含着学生的诉求，能够充分反映校园舆情。深入挖掘和全面分析这些数据，对掌握学生思想、心理健康状况等具有一定的参考价值。

4.学生健康数据

随着社会和教育界对学生心理健康的广泛关注，各校纷纷将信息技术引入学生心理健康教育工作中，建立了完善的学生心理健康教育管理服务系统。这一系统通过收集学生基础信息、开展健康心理测评等方式，汇聚了大量学生心理健康数据。分析这些数据，能够了解学生心理健康状况，及时发现学生存在的心理问题，对学校学生工作部门制订个性化的心理健康服务计划、帮助学生健康成长具有重要价值。同时，校园网认证系统包含了学生通过学校校园网访问的所有网页信息，能够反映出学生的兴趣爱好。

（三）按主体划分

按主体划分，学生教育管理大数据可分为学生教育管理类大数据、教师教育管理类大数据、综合教育管理类大数据和第三方应用类大数据四类。学生教育管理类大数据主要来源于学生的学习、生活及社交活动，如学生的基本信息、考勤、作业、成绩、评奖评优、在各级各类活动中的表现及网络轨迹等。教师教育管理类大数据主要包括教师的基本信息、备课教案、课堂教学、作业批改、答疑解惑、科研数据、评奖评优、进修培训、参加的各类活动的数据、社交活动数据及网络活动数据等。综合教育管理类大数据包括学校基本信息数据、学校各项评比类数据、学校各项奖励数据等。第三方应用类大数据包括金融缴费、教学资源、生活服务、云课堂、微课资源等数据。

（四）按数据结构划分

教育管理大数据的结构可分为四层，从内到外分别是基础层（教育基础数据）、状态层（教育装备、环境与业务的运行状态数据）、资源层（各种形态的教学资源）和行为层（教育用户的行为数据）。一般而言，基础层和资源层数据属于结果性数据，状态层和行为层数据属于过程性数据。基础层大数据主要包括人事系统数据、学籍系统数据、资产系统数据等，主要用于管理者对学校发展状态的宏观掌握上，一般是结构性数据；状态层数据在智慧校园中主要靠传感器获取，主要用于管理者对各项教学业务运行状况的掌握上，能够起到优化教育环境的作用；资源层数据主要以非结构化数据为主，主要包括网络教学资源（以微课、电子书等形式存在），也包括上课过程中产生的笔记、试题等动态生成性资源；行为层数据包括教师行为数据和学生行为数据，教师行为数据占主体，主要用于学生个性化学习、学习路径推送、行为预测和发展性评价。

二、学生教育管理大数据的特点

（一）学生教育管理大数据的科学性

传统教育管理的决策模式大致有四种：依靠决策者的理性认知决策的"官僚主义"模式，通过"合意"过程来平衡学校内部多方群体利益的"学院型"模式，通过"扩散"程序表达不同利益群体的"政治型"模式，决策程序无章可循、随意性大的"有组织的无政府型"模式。这四种模式的共同缺点就是决策者的"有限理性"。大数据的核心是预测规律，校园大数据克服了传统小数据的局限性和不能反映整体的弊端，教育管理者通过对大数据的全面考虑，能够洞察隐藏在复杂、混乱数据背后的行为规律，从而提高教育管理的科学性。马克·吐温（Mark Twain）说过，历史不会重演，却自有其韵律。预测人类的行为是科学家为之努力了上千年的梦想，大数据使这个梦想变为现实。一些学者认为，93%的人类行为是可以预测的。人类的行为是有规律的，人类的大部分行为都受制于规律、模型及原理法则，而且它们的可重现性和可预测性与自然科学不相上下。在教育决策方面，利用大数据技术能增强学生教育管理的科学性。教师的教学数据、评奖评优数据及其生活、作息、交友、娱乐等方面的数据，它们之间及它们与学校的管理机制、制度及投入等都有着诸多关联，这些数据背后都隐藏着一定的规律。同时，学生教育管理大数据对于学生的学习与需求、舆情监控及科学决策有着重要意义。学生的学习成绩、能力素质、上网习惯、就餐情况等之间存在某种关联，通过数据分析，寻找这种关联和规律，提高学生教育管理的科学性，可以达到事半功倍的管理效果。

（二）学生教育管理大数据的及时性

"智慧校园"的前提是教育管理信息化，大数据技术是学生教育管理的依据。学生教育管理大数据具有时效性和预警性，这为教育管理者抓住关键时期开展工作提供了技术保障。在网络深度覆盖的校园里，师生活动处处有数据、有信息，一些异常的信息和规律性的信息总是会在海量数据中涌现出来。对异常的信息，通过相应数据技术设立容忍度和临界点，使之达到界限后启动报警系统，最终起到防患于未然的作用。学生的交际问题、学业问题、就业问题、感情问题及经济问题等，都必然会通过网络时代的各种媒介得到展示与宣泄，而学校利用大数据技术，可以做到因势利导、提前谋划，及时预防和处理危机事件，规避或减少相关损失。设想一下，如果某学校建立了基于大数据平台的师生行为预警机制，那么教师违反师德的行为就会被及时发现和处理。这说明建立基于大数据的预警机制对于学校来说是有必要的。

（三）学生教育管理大数据的差异性

因材施教、个性化管理和培养多样化人才一直是教育的理想境界。正如马克思所说，我的对象只能是我的一种本质力量的确证，也就是说，它只能像我的本质力量作为一种主体能力自为地存在着那样才对我而存在，因为任何一个对象对我的意义，都以我的感觉所及的程度为限。理性与道德只有在自我确认中才能成为一种"为我"的存在，从而在肯定人的生命的前提下，促进人的全面发展。学校教育管理的对象具有差异性，尊重学生的个性特点、兴趣爱好、能力差异、家庭背景差异等，是教育管理者做好教育教学管理和服务工作的前提。由于技术及精力上的限制，以往教育管理者要做到见微知著是比较困难的，但是在大数据时代，这一切都显得更加容易。大数据可以预测学生群体的活动轨迹和规律，为教师改进教学提供有效反馈。

（四）学生教育管理大数据的互动性

基于大数据的学生教育管理能改变传统单向度的学生教育管理，实现师生的互动，从而产生互动效应。互动效应，也称为耦合效应或联动效应，指两个或两个以上的个体通过相互作用而彼此影响从而联合起来产生增力的现象。一般来讲，赋予积极感情的行动，将会收获积极的感情反馈。传统单向传授和灌输式的教育教学方式，由于缺乏感情的耦合联动，导致教育教学缺乏实效性。在大数据教学平台上，教师与学生可以即时互动，教师实时监控学生的做题进度、学习进度，并进行指导。在这样的学习互动氛围中，信任、支持、谨慎、勤奋等情感信息的释放，能在整个群体中产生积极的互动效应。

（五）学生教育管理大数据的整合性

学生教育管理大数据的整合包括学校内外部资源的整合。只有整合资源，才能使资源的利用价值最大化。初级层次的资源整合是学校内部各部门、各单位之间的数据资源整合。大数据平台的建设，可以打破学校内部各部门数据割裂的局面，实现数据共享，促进数据公开和流通。学校之间及区域之间的大数据平台的建立是资源整合的高级层次，这对促进整个地区乃至国家的教育发展、资源节约具有重要的战略意义。

（六）学生教育管理大数据的权变性

权变管理的核心思想就是"以变制变"。管理没有定法，应当根据外部环境和内部要素的变化采取不同的方法策略。学生教育管理没有一劳永逸的万全之策，也没有放之四海而皆准的适用公理，更无适应一切学生的万能公式。学生的学习数据、教师的教学数据、管理人员的行为数据等，都是动态的、实时的，形成一股股信息流，一切都是不断向前流动的过程，故而"变"是学生教育管理永恒的主题。这就要求教育管理者及时掌握管理对象、学校内外部环境的变化情况，研究各种变化的趋势和规律，以及各种变化之间可能的相互作用及后果，从而提前采用科学、适宜的有效方式来应对。

第二节　运用大数据创新学生
教育管理的意义和策略

一、运用大数据创新学生教育管理的意义

（一）提升学生教育管理的及时性

传统模式下的学生教育管理在实施过程中，经常会受空间、时间等多方面的影响，致使教育管理者在开展各种学生教育管理工作的时候会表现出滞后性，无法在第一时间对学生教育管理中发生的问题进行处理，进而对学校造成直接的不良影响。在日常教育管理期间，教育管理者不仅要关注学生的日常行为、学习情况、健康状况，还需要对学生的思想动态、心理健康进行监测，传统模式下自然无法顺利实现这一目标。而在大数据背景下，教育管理者能够借助先进的数学算法对师生产生的数据信息进行收集，然后通过动态数据分析、关键词评估等分析手段来把握学生的思想动态、兴趣偏好，从而有效地提升学生教育管理的质量和效率，最大限度地维护校园安全和稳定。

（二）提升学生教育管理的前瞻性

大数据技术最为显著的优势就是"预测和洞察未来"，所以将其有效应用于学生教育管理之中，能对师生行为数据及时进行梳理与分析，以此来为学生教育管理决策提供强有力的数据支持，同时对学生学习方面有可能会呈现出来的态势及时进行预测和研判，从而进一步提升学生教育管理的前瞻性，让教育管理更加具有针对性与实效性。例如，大数据背景下的教育管理者可以在工作期间借助模型、数据来及时分析学生行为表现、进步情况，并基于此来把握学生可能会存在的问题，提前进行教育准备，以提升教学效果。

（三）提升学生教育管理的针对性

在大数据背景下，教育管理者可借助相关技术来挖掘学生数据信息，并基于对学生个体的精准分析来对学生进行差异化教育管理，这样就能更好地满足学生的内在需求，有效落实个性化教育与管理。第一，教育管理者可以借助大数据技术将传统思维定式、直观推断及时转化成为定量思维与数据推断，以更好地把握学生在学习期间存在的问题，对学生进行有效的管理与教育；第二，教育管理者可以运用大数据技术分析学生学习行为与偏好，并基于学生兴趣爱好来进行因材施教，从而有效落实"以生为本"的教育管理理念。

（四）提升学生教育管理的互动性

大数据背景下的学生教育管理在实施过程中，主客体关系也发生了显著变化：首先，在大数据背景下，教育管理者可以借助相关技术来不断提高自身教育管理能力，掌握更加先进的教育管理手段；其次，在大数据背景下，教育教学过程成为师生共享教育话语权的平等对话和交流过程，教育管理者不再具有话语霸权，学生也不再只是被动接受知识的客体，师生间的双向互动更加明显；最后，学生在成长期间，自我管理意识及能力也在不断提升，而大数据技术的应用有利于有效开展师生交流、朋辈互助等工作，从而有效促进学生自我发展与自我提升。

二、运用大数据创新学生教育管理的策略

（一）树立大数据教育管理理念

传统模式下的学生教育管理在实施过程中，因为受到各方面主客观因素的影响，大多是依赖于教育管理者的工作经验展开的，教学工作存在较为显著的滞后性，不利于学校安全稳定发展。理念是行动的先导，大数据背景下学生教育管理要想实现创新，各个参与主体均需要改变传统工作理念，树立正确的大数据理念，并将这一理念落实到学生教育管理中，这样才能真正有效提升学校学生教育管理水平。

首先，学校学生教育管理部门一定要树立起全新的大数据教育管理理念，树立起认识、挖掘与应用"三位一体"的理念，在日常学生教育管理中贯彻落实这一理念；其次，学校在学生教育管理期间，还需要对大数据相关技术进行有效宣传与推广，借助微信公众号、微博等渠道向全校师生传播大数据知识，帮助他们形成准确的认知，从而培养学校师生应用大数据思考及解决问题的良好习惯；最后，在全校范围内树立大数据教育管理理念，并将其贯彻落实到具体的学生教育管理之中，借助大数据技术进行学生教育管理创新，从而有效提升学校学生教育管理工作质量。

（二）对现有的数据平台进行升级改造

在大数据背景下，学生教育管理要想有效创新，大数据平台建设是基础与核心。但很多学校因为受资金、人才等多方面限制，其大数据平台建设较为滞后，无法有效满足学生教育管理的需求。因此，各个学校在发展过程中要顺势

而为，立足于大数据时代背景，对现有的大数据平台进行升级与改造，在确保数据安全、遵守数据理论的基础上进一步优化大数据平台，从而促进学生教育管理工作的顺利实施。

在升级与改造期间，学校需要做好以下三个方面：首先，加强对现有数据平台资源的整合。学校数字化管理人员一定要鼓励各个部门做好对于各类信息的搜集与整理，同时对现有的数据平台资源进行有效整合与利用，真正将其价值发挥出来。其次，按照学生教育管理实际需求进行升级与改造，主动引进先进大数据技术，以此来有效提升学生教育管理平台应用的实效。最后，强化校企合作，通过校企合作的方式对平台进行进一步优化与升级。

（三）提高教育管理者的数据素养

在大数据背景下，学生教育管理要想有效创新，还需要不断提高教育管理者的数据素养。具体而言，就是让教育管理者形成一种能够发现、挖掘、应用数据信息的良好能力和意识。首先，教育管理者需要树立正确的大数据学生教育管理意识和思维，不能有排斥、抵触心理，要主动接纳、应用大数据技术，并且将其应用于学生教育管理工作实践之中。其次，学校需要加强对教育管理者大数据应用能力的培养，通过系统化的培训与教育，让教育管理者的大数据应用能力逐渐得到提升，这样才能促使他们在工作中合理应用相关技术来解决问题。最后，在应用大数据进行学生教育管理时，教育管理者还需要形成反思、审视等意识，这样才能真正将大数据的价值有效发挥出来。

（四）构建学生教育管理大数据安全体系

在大数据背景下，数据安全、隐私保护是十分重要的问题，也是大数据在学生教育管理中有效应用的基础与前提。因此，为了能够真正有效保障学生数据安全，一定要构建学生教育管理大数据安全体系。首先，教育管理者在工作期间一定要尊重师生依法拥有的合法数据权利，不能借助任何非法的手段对数据信息进行采集和应用。其次，学校还需要不断优化升级相关保护技术，在应用大数据的同时主动研发、引进各种安全防护技术，如身份认证技术、病毒检测技术等，借助技术手段来提升数据信息的安全性。最后，学校还需要针对数据信息盗用、泄漏等情况制定出严格的惩处制度，按照我国相关网络安全法律来进行处理，这样也能进一步提升学生教育管理的工作质量。

第三节　大数据时代学生教育管理工作的个性化

大数据时代的到来，为教育管理者开展个性化的教育提供了技术上的支持。目前，学生对网络社交平台的依赖性较高，主要包括微信、微博等，并将大量的时间和精力投入其中。在此背景下，学生乐于将自己的身边事和思想情感以文字、图片等形式在社交软件上发布，这些社交软件成为学生的社交媒介。因此，教育管理者可以借助社交软件，构建大数据系统，对学生发布的网络信息进行分析，实时了解和掌握学生的思想情感变化，以开展有针对性的学生教育管理工作。

一、学生教育管理的时代特征

（一）时代变革需要学校转变管理理念

大数据带来的最大实惠便是信息的可获得性极大提高，为学生获取学习和娱乐资源等提供了更大的空间，这要求教育管理者从传统的"硬性"教育管理向柔性管理转变，从管理教育向服务引导转变。为顺应这一转变，教育管理者要全面树立数据意识，借助互联网技术和校园信息化手段，充分挖掘数据中存在的潜在规律，把这些规律用于引导和服务，对发现的问题提前进行预防和引导，确保学生健康成长。

（二）大数据方法论普及引起管理革新

在某种意义上，大数据已经成为信息社会人们认识和改造世界的方法论。该方法论通过挖掘和分析事物发展过程中存在的关联效应来指导管理工作实践，避免了传统的周期过长的规律验证过程，从而有效提高了管理工作的时效性。在学生教育管理工作中充分运用大数据技术，挖掘数字化校园各个应用系统和学生社交数据中蕴含的信息，能够为教育管理者提供决策依据，从而使管理更加人性化、精准化。

（三）信息的可获得性增强，机遇与挑战并存

随着信息技术的广泛应用，以互联网为基础的各类媒体上充斥大量的信息资源。一方面，这些资源可以成为学生教育管理的重要素材；另一方面，学生在接收信息时辨别能力差，真假难辨的负面信息容易造成负面效应。同时，新媒体的广泛使用，使信息的传播速度加快、传播量大大提升，这对信息过滤和舆情监测提出了更高的要求。

二、大数据时代学生教育管理工作个性化的表现

（一）个性化的思想引导

思想引导在学生教育管理工作中尤为关键。究其原因，主要是个性化的思想引导与学生身心健康发展存在密切关联，并对教育管理工作的效果产生影

响。运用大数据对学生进行个性化引导，可以使学生提高判断能力，抵御外界不良信息的影响。因此，个性化的学生教育管理具有十分重要的意义。

（二）个性化的舆情危机干预

第一，学生教育管理工作的开展，需要注重大数据技术的应用，实现对舆情的分析监测。当今时代，网络舆情发展变化的路径更加隐蔽，频率逐渐增加，导致传统分析和监测方式无法取得预期的效果，大数据可以改善传统方式存在的弊端。

第二，在舆情监测和分析平台搭建后，教育管理者应发挥平台优势，对舆情进行主动干预。教育管理者需要将舆情事件中的重点任务作为出发点，主动进行干预和分析，把控舆情的主导权。教育管理者还要运用大数据技术，预测舆情未来变化和发展的趋势，并参与其中，将内容作为切入点，使抽象的思想价值观念，朝着生活化和具体化的方向转变，以满足学生的个性化需求。例如，教育管理者可以通过漫画、直播、微视频等方式，对正确的思想价值观念进行宣传，控制舆情事件向好的方向发展。

（三）个性化的心理疏导

1.加强对心理情感的认知，使心理疏导具有个性化特点

教育管理者需要对每一个学生的心理健康状况进行了解。了解学生心理健康状况是开展个性化心理疏导的前提条件。在大数据时代，教育管理者应充分利用大数据技术，精准收集并深入分析学生的思想行为数据，并以此为基础，全面洞察学生的心理状态与情感倾向。一旦发现学生存在心理困扰或思想偏差的迹象，教育管理者应立即启动沟通机制，与学生进行深入的对话交流，了解问题的成因并通过专业的心理疏导手段，引导学生建立积极健康的思想观念与价值体系。

2.加强心理健康教育，建立心理咨询服务体系

学生在成长过程中，容易出现个性化的情感问题，究其原因，主要是学生

自我调节能力不强，同时缺乏科学的心理调节方式。针对这种情况，学校应加强心理健康教育，通过开设系统的心理健康课程，在校内进行心理健康知识的普及，在宣传正确思想观念的基础上，促使学生掌握正确的心理调节方式，让学生能够自主克服心理压力，最终实现自我疏导的目标。心理健康咨询服务体系的缺失，是导致学生出现心理问题的重要原因，因此学校应组织相关教师，建立心理咨询服务体系，及时为学生提供心理支持与服务。

三、大数据时代学生教育管理工作个性化发展对策

在大数据时代，数据化成为学生教育管理工作发展的方向，实现对教育要素和活动数据化处理和整合是学生教育管理工作的主要目的。信息技术和大数据技术的发展，为学生教育管理工作个性化发展提供了可行的思路。因此，教育管理者在理解大数据时代学生教育管理工作个性化发展的内涵时，可以从以下角度着手：①人的角度。学生教育管理工作需要将人的自然、精神、社会等属性作为基础，并开展与之相匹配的实践活动。②社会学角度。以需求为导向，是学校开展学生教育管理工作需要遵循的原则。③特色角度。将大数据作为基础，针对不同教育对象，采取具有针对性的特色教育措施。在明确大数据时代学生教育管理工作的内涵后，笔者提出了以下五点对策：

（一）应用大数据技术，构建教育预警系统

在大数据时代背景下，构建学生教育管理工作预警系统具有十分重要的意义。这一举措的核心价值在于，它能够预防并控制潜在的思想行为风险，通过前瞻性的引导和干预策略，不仅能够提升学生教育管理工作的预见性，而且还能够显著提高学生教育管理工作的实效性和针对性。目前，我国正处于以中国式现代化全面推进强国建设、民族复兴伟业的关键时期，国际文化交流频

繁，外来文化和思想浪潮汹涌而至，对学生的价值观念产生了深远的影响。为了有效抵御不良思想对学生群体的侵蚀，构建学生教育管理预警系统显得尤为迫切和必要。鉴于大数据技术在预测分析方面的核心优势，该预警系统的构建应充分利用大数据技术，实现对学生海量行为数据的深度挖掘与高效处理，并在此基础上，对学生思想价值观念进行准确预测。

（二）创新教学方法，促进学生的个性化发展

大数据时代的到来，为教育领域带来前所未有的技术创新机遇和保障。具体表现为，教育活动中会涉及大量的数据信息，且这些数据信息的种类繁多，对教育管理者提出了更高的要求。为了紧跟时代步伐，教师必须敏锐地捕捉这一发展契机，积极探索并实践新型教育教学方法。通过充分利用大数据技术的强大能力，教师可以更加精准地分析学生的学习行为与需求，进而实现教学方法的个性化、精准化创新，最终提升教育质量与效果。在学生教育管理工作开展的阶段，应用大数据技术有助于信息的收集。以某校为例，该校为采集学生的数据信息，在学生的座椅上安装了传感器。这些传感器能够采集学生上课期间听讲、玩手机的次数和时间。在采集完成后，这些数据被上传到与之相连接的大数据系统之中，由系统分析这些现象的成因，探索学生课堂学习状态和学习效果的内在关联。经过精细的数据化处理，学生的学习动态被转化为直观、量化的图表，为教育管理者提供了科学的参考依据。这一举措不仅提高了教育管理的针对性和实效性，还为学生综合素质的全面提升奠定了坚实的理论基础。

（三）强化数据管理，确保信息安全

个性化教育，其核心在于依据学生实际需求量身定制教育方案，而大数据技术在这一过程中，起到了关键性的作用。在大数据时代，数据量的激增与种类的繁杂也带来了数据管理上的巨大挑战。如果管理不当，这些数据很容易被

不法分子盗取和滥用。学校，作为一个微缩社会，虽体量有限，但其功能完善，日常运营中产生的数据量堪称海量。这些数据覆盖了学生个人详细资料、学业成绩、兴趣偏好、社交圈子及在校行为举止等多个维度。若未能妥善管理与保护这些数据，将直接威胁学生个人隐私的安全，使他们的个人信息面临泄漏的风险，从而可能引发一系列不良后果。因此，学校在应用大数据技术开展学生教育管理工作时，需要加强对数据信息的保护，避免大数据技术的应用威胁学生个人信息的安全。

值得注意的是，学校采取的措施必须是切实可行的，能够真正落地生效。以某校为例，该校为保护学生个人隐私，应用安全保护技术，构建了数据监管中心和数据库，并借助安全防护软件，保护数据信息的安全。与此同时，该校还对数据使用流程进行了规范，要求相关人员遵循使用流程操作，在发挥大数据辅助作用的基础上，从根源上规避师生信息泄漏问题的发生。

（四）加大培训力度，强化师资力量

大数据时代的到来，对教育管理者的信息技术能力提出了更高的要求，如果教育管理者信息技术能力不强，势必会影响大数据的应用效果。为确保教育管理工作的顺利推进，学校应重视对师资队伍的建设。具体而言，学校应做好以下方面的工作：一是加大对教育管理者队伍的培训力度，特别是要将数据信息技术作为重点培训内容，提高他们运用大数据技术的能力，使其能够在教育实践中挖掘数据价值，发现教育规律，并有效关联各类教育要素，促进教育的个性化发展。二是加大投资力度，加速校内信息化建设进程。信息化建设是大数据应用的基础，如果硬件设施不完善，会导致数据采集和处理效率大幅度下降，不利于学生教育管理工作个性化的发展。为此，学校应结合学生教育管理工作开展要求，积极与相关厂商进行对接，在完善硬件基础设施的同时，设计和开发软件系统，并确保系统与实际需求相符。

（五）确定发展原则，把握发展方向

在大数据时代，数据化管理是学校学生教育管理工作未来发展的必然趋势。因此，教育管理者需要加快改革发展的进程，不断提升工作效率，才能使个性化得到凸显。在学生教育管理数据化阶段，教育管理者必须遵循相应的原则：一是"以人为本"原则。教育管理者在开展学生教育管理工作时，必须遵循"以人为本"的原则，设身处地地为学生提供服务和谋求福利，使他们的需求得到满足。二是结合学生当前的实际情况，针对学生的个性化需求，及时调整工作方向。三是因材施教。在大数据时代，管理工作的方式具有多元化的特点。针对不同地区和对象，学校相关部门应实施有针对性的教育方法，这是促进教育工作质量提升的重要途径。

综上所述，大数据时代的到来，对学生教育管理工作而言，既是机遇，又是挑战。在这一背景下，教育管理者应把握时代发展的机遇，合理运用大数据技术，积极迎接挑战。与此同时，教育管理者要明确大数据时代学生教育管理工作个性化特征的表现，并在此基础上，采取有效的对策，提高学生教育管理工作的有效性。

第四节 大数据背景下的学生
教育管理系统创新应用

一、基于大数据的学生信息管理系统

（一）大数据技术对学生信息管理系统的积极影响

1.提高数据处理效率

在大数据时代，学校学生信息管理系统的数据处理效率尤为重要。因为学校在不断积累学生信息，包括学生的个人基本信息、学习成绩、课程选择情况、参与的社团活动、宿舍分配情况等。这些数据若能被高效利用，将为学校的管理和教学带来极大的便利。

大数据技术在学生信息管理系统中的优势表现在以下两方面：一方面，大数据技术能够有效地处理和分析庞大的数据集，提高数据处理效率。传统的数据处理方式无法应对大量的数据，而大数据技术可以在短时间内完成数据的存储、处理和分析，实现对学生信息的快速获取和使用。例如，利用大数据技术，学校可以快速查询某个学生的所有信息，这大大提高了工作效率。另一方面，大数据技术可以实现对学生信息的深度挖掘和分析，提供更为精准的信息服务。例如，通过对学生的学习成绩、课程选择情况等进行分析，学校可以了解学生的学习习惯和兴趣，进而为学生提供个性化的教学服务。这对提升教学质量、丰富学生的学习体验具有重要意义。

在大数据技术的帮助下，学生信息管理系统可以实现对海量数据的高效处理和深度挖掘，为学校提供强有力的信息支持，从而提升教学和管理的效率。然而，随着大数据技术的广泛应用，如何保护学生的隐私、如何确保数据的安全性等问题也变得越来越重要。这需要学校在使用大数据技术的同时，建立健全相关规章制度，确保学生信息的合理使用，保护学生信息的安全。

2.提升管理决策能力

在大数据时代，学生信息管理系统在提升管理层管理决策能力方面至关重要。在现代社会中，数据的价值已经被广泛认知。数据不仅能够记录事实，还能够支持决策、预测未来，从而提升学校的决策能力。因此，大数据技术在学生信息管理系统中的应用无疑能够提升学校的管理决策能力。

大数据技术能够提升决策的科学性。通过对海量学生数据的深度分析，学校可以准确了解学生的需求，做出更加科学的决策。例如，通过对学生的学习成绩、课程选择情况、参与的社团活动等进行分析，学校可以掌握学生的学习态势，并据此对教学策略进行及时调整，从而提升教学效果。除此之外，大数据技术也能帮助学校发现学生的问题（如学生的心理问题），从而进行及时干预。

大数据技术能够提升决策的效率。在大数据的支持下，学校可以在短时间内获取准确、全面的学生信息，使决策过程更加快速、有效。这对提升学校的管理效率、解决学生问题具有重要作用。除此之外，大数据技术还能够帮助学校预测未来的发展趋势，为学校的长远发展提供决策依据。

3.加强风险预测与管理

大数据时代，学生信息管理系统通过加强风险预测与管理能力，给学校管理带来了积极影响。在学校中，各类风险事件均可能发生，如学生学业压力过大导致的心理健康问题、学生不当行为引发的纪律问题等。而大数据技术可以帮助学校及时发现这些风险，从而进行预防和管理。

大数据技术可以帮助学校更早地发现潜在的风险。例如，通过对学生学习数据的分析，学校可以发现学生学习成绩突然下滑的风险，从而在问题恶化之前采取措施，如提供学术辅导或心理咨询服务，帮助学生解决问题。

大数据技术可以帮助学校更准确地评估风险。通过运用大数据技术对历史数据进行分析，学校可以了解可能会导致某种风险的发生的因素，从而更准确地评估每个学生面临的风险程度。这对学校制定个性化的教育策略、给不同风险程度的学生提供不同的支持服务具有重要作用。

大数据技术可以帮助学校更有效地管理风险。通过运用大数据技术对学生信息进行持续跟踪和分析，学校可以及时了解风险的发展情况，评估管理措施的效果，从而及时调整策略。例如，学校可以通过分析学生的行为数据，评估纪律教育的效果，如果发现效果不佳，可以及时调整教育方法。

4.助力学生全面发展

大数据技术给学生信息管理系统带来的显著作用之一就是助力学生全面发展。大数据技术在教育系统中的应用已经从管理层面深入教学过程，以及学生个人发展的各个环节，为学生的全面发展提供了全新的可能性。

大数据技术可以帮助教师更深入地了解学生。通过收集并分析学生的学习数据、生活数据及社交数据，教师可以更全面、更深层次地了解每个学生，包括其学习能力、兴趣爱好、性格特点、社交习惯等。这种深入了解有助于教师制订更为个性化的教学计划、满足学生多元化的需求。

大数据技术也可以帮助教师更准确地掌握学生的最新发展情况。借助大数据技术，教师可以实时获取学生的最新信息，及时发现学生的问题，从而为他们提供及时的指导和帮助。对于学生而言，他们也可以通过数据反馈，更清楚地了解自己的优点和不足，从而更有针对性地进行改进。

大数据技术还可以为学生提供更多的学习资源和机会。通过大数据技术，教师可以根据每个学生的实际情况，推荐最适合他们的学习资源和活动，帮助他们拓宽知识视野，提升个人能力。

（二）基于大数据的学生信息管理系统建设方案

1.学校学生信息管理系统建设需求分析

学生工作处是承担学生管理工作的主要部门，主要负责新生入学、学生思想政治教育、学生档案管理、学生行为规范管理、宿舍管理、评奖评优、违纪处理、学生操行等工作。学生工作处是集教育、管理、服务于一体的综合性管理部门，针对学生教育管理工作的实际情况，在学生信息管理系统的研发和设计过程中，不但要重点考虑目标期望、用户需求、系统功能等因素，而且要系统完成教育管理部门从管理到服务的转变，考虑实现移动化运行。

2.用户功能的分析和设计

学生信息管理系统是为提高学生信息管理效率、加强家校互动、优化教学管理和提高服务质量而建设的重要项目。在该系统建设中，用户功能的分析和设计是至关重要的一环。学生信息管理系统的用户功能主要包括：

（1）用户分类和角色划分

在进行用户功能分析之前，需要对该系统的用户进行分类和角色划分。学生信息管理系统的主要用户包括学校管理人员、教师、学生和家长。其中，学校管理人员负责对整个系统进行管理和监控；教师负责学生信息的录入、成绩管理和教学资源管理；学生可以查看自己的个人信息和成绩信息等；家长可以查看孩子的学习情况、与学校沟通等。

（2）学校管理人员的功能设计

①系统管理功能：包括系统设置、用户管理、权限管理、数据备份与恢复等，方便学校管理人员对系统进行全面管理和监控。

②统计报表功能：提供学生信息的统计分析，包括学生人数、性别比例、学生成绩分布等，并生成报表，从而帮助学校管理人员进行数据分析和决策。

③数据查询功能：可根据特定条件查询学生信息，方便学校管理人员获取所需信息。

④通知管理功能：用于向教师、学生和家长发送通知和公告，保持与各方的及时沟通。

（3）教师的功能设计

①学生信息管理功能：包括学生信息录入、修改和查询，确保学生信息的

准确性和完整性。

②成绩管理功能：提供成绩录入、查询和统计分析功能，支持批量导入成绩和生成成绩报表。

③课程管理功能：用于课程安排、选课管理和教学资源的发布与管理。

④考勤管理功能：提供学生考勤的录入和查询，支持考勤统计和分析。

（4）学生的功能设计

①个人信息查看功能：学生可以查看自己的个人基本信息、成绩、考勤等。

②成绩查询功能：学生可以查询自己的成绩，并查看成绩统计和分析。

③选课功能：提供在线选课功能，方便学生进行课程选择和管理。

④请假功能：学生可以申请请假并查看请假审批结果。

（5）家长的功能设计

①学生信息查看功能：家长可以查看学生的个人基本信息、成绩、考勤等。

②通知接收功能：家长可以接收学校发布的通知和公告，包括重要的学校活动、会议通知、学生表现反馈等，从而及时了解学校和学生的最新动态。

③家校沟通功能：家长可以与教师进行沟通和交流，包括发送私信、咨询问题等，有利于促进家校合作，共同关注学生的学习和发展。

④课程查询功能：家长可以查询学生所选课程的详细信息，包括课程内容、授课教师、作业要求等，以便了解学生的学习进度和课程安排。

⑤成绩查询功能：家长可以查询学生的成绩情况，包括考试成绩、平时表现等，以便及时了解学生的学业进展。

通过这些功能设计，学生信息管理系统能够为用户提供更便捷的操作和信息获取方式，满足不同角色用户的需求，并促进学校、教师、学生和家长之间的密切合作和有效沟通。

3.系统 Web 端功能分析

（1）公告发布

公告发布是学生信息管理系统的一个重要功能，通过系统的 Web 端实现。

该功能主要用于向教师、学生和家长发布重要的通知和公告。该功能包括以下要点：

①公告发布界面：提供用户友好的公告发布界面，允许学校管理人员输入公告标题、内容、发布日期等信息。

②目标受众选择：支持选择公告的目标受众，如全校、特定班级、**特**定年级等，确保信息能够精确传达。

③公告状态管理：支持对公告状态进行管理，包括发布、撤回、编辑等操作，以满足实际需求。

④公告查看和通知：教师、学生和家长可以通过系统的 Web 端查看公告，系统的消息通知功能也能提醒用户查看新发布的公告。

（2）资助管理

资助管理是学生信息管理系统的一个重要功能，用于管理学生的奖学金、助学金等资助信息。该功能包括以下要点：

①资助申请：学生可以通过系统的 Web 端提交资助申请，需要填写个人信息、资助类型、申请原因等。

②资助审核：学校管理人员可以通过系统的 Web 端对资助申请进行审核和审批，包括查看申请材料、评估学生的资助资格等。

③资助记录管理：记录每名学生的资助情况，包括资助类型、金额、发放日期等。

④资助统计和报表：方便学校管理人员对资助情况进行数据分析和报表生成。

（3）评奖评优

评奖评优是学生信息管理系统的一个重要功能，用于管理学生的各类奖项和荣誉称号。该功能包括以下要点：

①奖项设立和管理：学校管理人员可以通过系统的 Web 端设立和管理各类奖项，如学术奖、科技创新奖、文体活动奖等。

②奖项申请和评选：学生可以通过系统的 Web 端申请参评各类奖项，并提交相关材料和证明。

③评选流程管理：包括评委评审、公示期、结果发布等环节。

④评奖评优记录管理：记录每名学生参与评选的情况，包括评选类型、获奖等级、评选时间等。

⑤荣誉展示：通过 Web 端展示学生获得的各类奖项和荣誉称号，供学校和家长查看和了解学生的成就。

⑥荣誉证书生成和打印：方便学校向获奖学生颁发荣誉证书。

⑦荣誉统计和报表：方便学校管理人员对学生荣誉情况进行数据分析和报表生成。

（4）违纪处分

违纪处分是学生信息管理系统的一个重要功能，用于管理学生的违纪行为，给予相应的处分决定。该功能主要包括以下要点：

①违纪记录管理：学校管理人员可以通过系统的 Web 端记录学生的违纪行为，包括违纪类型、违纪时间、违纪地点等详细信息。

②处分措施管理：支持对违纪行为相应的处分措施进行管理。系统需要根据学生的实际违纪行为采取相应的处分措施，并及时更新信息。

③处分通知和通告：将处分决定及时通知相关人员，包括学生本人及其家长。

④处分记录管理：记录学生的处分情况，包括处分类型、执行时间、解除处分等，以便学校进行管理和跟踪。

（5）学生电子档案管理

学生电子档案管理是学生信息管理系统的一个重要功能，用于存储和管理学生的电子档案。该功能包括以下要点：

①档案存储和归档：将学生的个人信息、成绩、获奖记录、违纪记录等资料输入系统，系统会按照特定的分类和编号规则进行存储和归档。学生信息管

理系统会为每个学生创建一个唯一的档案编号，确保信息检索的便捷性；还会实施安全措施，如备份和加密，以防数据丢失或未授权访问。

②档案检索和查询：教师和学校管理人员可以通过系统的 Web 端对学生电子档案进行检索和查询，以快速获取所需信息。

③档案权限管理：系统应设定档案访问权限，确保只有具有相应权限的用户才能查看和编辑学生电子档案。

④档案更新和修改：教师和学校管理人员可以通过系统的 Web 端对学生电子档案进行更新和修改，保证档案的准确性和完整性。

⑤档案导入和导出：方便学校管理人员从其他系统或文件中导入档案数据，并可以将档案数据导出为常见的文件格式，以便备份和共享。

⑥档案历史记录：系统应记录学生电子档案的历史修改记录，包括修改时间、修改内容等，方便追溯档案的变更历史。

（6）学生请假管理

学生请假管理是学生信息管理系统的一个重要功能，用于管理学生的请假申请和请假流程。该功能包括以下要点：

①请假申请：学生可以通过系统的 Web 端提交请假申请，包括请假类型、请假事由、请假时间等详细信息。

②请假审核：教师或学校管理人员可以通过系统的 Web 端对请假申请进行审核和审批，包括查看请假事由、评估请假的合理性等。

③请假记录管理：记录每名学生的请假情况，包括请假类型、请假时间、审核状态等。

④请假通知和审批结果：系统应及时通知学生及其家长请假申请的审批结果，以确保他们能够及时了解请假情况。

⑤请假统计和报表：方便学校管理人员对学生请假情况进行数据分析和报表生成。

二、基于大数据的学生综合测评系统

（一）学生综合测评系统设计

1.系统设计原则

在制定学生综合测评系统与设计技术方案时，项目组成员须遵循如下设计原则，以确保系统建设的可行性与高效性。

（1）统一设计原则

对系统结构进行统筹规划和统一设计，从全局和长远的角度，考虑系统建设的方法、数据模型、数据存储体系及系统功能扩充等内容。

（2）先进性原则

采用当前已经大规模使用且在国内处于领先地位、符合未来发展方向的技术及软件和硬件设备来构建系统。不同于采用三层体系结构的软件系统设计方法，学生综合测评系统采用当前成熟的 Hadoop 系统和流行的 Spark 开源系统处理数据，性能稳定，拥有成熟的社区和文档资料。

（3）高可靠性和高安全性原则

在系统和数据架构设计过程中，应全面考虑系统的可靠性和安全性。在设计安全性时，学生综合测评系统应提供各种检查隐患的处理手段，以确保数据的准确性、安全性、一致性，保证系统正常运行与安全可靠。为保护和隔离信息，充分共享信息资源，系统须控制各个层次的访问，对操作权限进行严格设置。

（4）可扩展性原则

设计系统时，要使各功能模块具有适当的耦合度，确保设计简明，这样便于系统的扩展，以及更好地满足未来发展的需要。同时，兼容原有的数据库系统，可以使整个系统根据实际需要，随时升级到新系统，实现系统之间的平滑过渡。

（5）用户操作方便原则

系统界面不但要做到风格统一美观，而且要易于用户操作，尤其应满足各个用户群的使用需要，如为其提供个性化定制的操作界面。

2.系统总体架构设计

信息技术时代，学生综合测评系统的构建，需要以大数据技术为核心，以云计算为平台支撑，以物联网为主干网络，以智能感知为主要信息来源，以实现对学生信息的智能处理。

（1）物理感知层

在校期间，学生可以通过校园网和无线网登录慕课及其他在线学习平台进行学习。学生在学习过程中，往往会产生行为数据。教育管理者可以通过物联网技术、大数据技术及各类感知技术，收集这些数据，分析学生的行为习惯，同时可以通过实时采集并分析学生使用微博、微信等的数据，了解学生的个性特点，从而为学生成长发展和教育教学工作的有效开展制订科学的规划，对教育教学工作的开展进行科学的管理。多种科学技术（如大数据技术、物联网技术等）能全面、深入采集学生的行为数据，这些数据能为教育管理工作的开展提供可靠的数据支持，其中物理感知技术在信息收集过程中发挥了关键作用。

（2）网络通信层

近年来，随着有线网络的不断发展，移动通信技术得到快速发展，并逐渐起主导作用。当前的网络具有传输速度快、安全性能高、运行稳定性强、覆盖面广等特点，为实现设备之间的互联互通提供了保证。学生可通过有线网络和无线网络，随时随地享受网络服务或通过网络进行交流、学习等，因此当前建立学生综合测评系统网络方面的基础条件已经具备。

（3）云计算与大数据层

学生综合测评系统借助云计算与大数据技术，对学生的相关信息进行采集、整理、分析，构建数据模型，并根据数据模型对学生的行为进行分析、评价和预测。学生综合测评系统的建设应强调个性化的服务理念，在收集学生过去的学习数据和行为数据时，可以采用协同过滤、关联规则、基于内容的推荐算法等方法，对学生的学习情况、个性特点、学习诉求等进行测评，帮助教师和家长更准确地了解学生的动态，并向他们提供科学的学生培养方法和建议。

（4）可视化层

将学生数据分析结果通过网页设计技术可视化显示后，用户（学生、教师、家长）可通过各种智能终端进行查看。学生测评结果的可视化展示应简洁、美观，同时应考虑在智能终端上的显示，使用户无论是用电脑还是手机等，都可以查看测评结果，享受测评系统的服务。

3.系统功能模块设计

（1）系统基础平台模块的设计

随着学生教育管理信息化程度的不断加深，学校业务日趋繁多。各种学生教育管理方面的系统在应用过程中会产生与学生相关的海量数据。面对庞大的数据，过去单机处理和保存数据的方式已不能满足当前的需求。在设计学生综合测评系统基础平台模块时，可使用云计算技术。

在存储海量的学生数据时，在传统的磁盘冗余阵列基础上，引入分布式网络存储技术，在云计算平台上部署 Hadoop 系统，打造大数据处理生态圈，利用 Hadoop 分布式文件系统（Hadoop distributed file system, HDFS）进行存储。与此同时，为进一步提升数据分析能力，可以用当前流行的 Spark 平台处理数据，相对于 Hadoop 的 MapReduce 并行计算处理框架，Spark 能在内存中运行，且速度更快。

（2）大数据中心管理库的设计

在信息化时代，学生的学校生活会产生很多的数据信息。学校在录取学生后，会将学生信息添加到迎新系统中，接下来学生处会为学生建立档案，教务处会按照人才培养方案录入学生需要学习的课程信息，后勤处会为学生办理一卡通，网络中心会为学生提供上网账号，宿管中心会为学生安排宿舍和床位，图书馆会为学生办理借阅证。这些工作都可以通过数据中心管理系统来完成。学校信息管理库通过网络日志、各类监控设备等收集、记录并保存学生入学后的一切数据信息，据此分析学生的个性特点和行为习惯，并以文字、图像和视频等形式进行展现，以为学校学生教育管理工作的信息化、数据化提供支持与依据。

（3）大数据分析模块的设计

大数据分析模块的设计过程可分两部分实现：①针对学生个人信息统计、一卡通消费、图书馆活动、出入宿舍等方面的分析，可采用 Java 语言编写程序调用 MySQL 数据库接口，利用结构化查询语言（structured query language, SQL）数据库中的命令和函数实现数据的统计与计算。该部分属于系统功能性的实现。因学生数据量庞大，故采用将 Hadoop 中的 Hive 与 Spark 平台中的 Spark SQL 相结合的办法，计算结果可以利用相关工具画出图形进行可视化展示，来实现对学生数据的分析。②针对学生在校情况综合测评模块，可采用数据挖掘和机器学习的方法，从学生的个人信息、一卡通消费、图书馆活动、出入宿舍等方面提取影响测评结果的特征，采用 Apriori 关联规则挖掘算法、逻辑回归、聚类等多种模型分析学生行为的相关性。上述各个模块的设计实现方式如下：

①学生信息统计展示模块设计。学生信息统计展示须采用 SQL 中的常用函数来完成针对学生每一个属性信息的计算。例如，采用求和函数对学生总人数、各民族学生人数等信息进行计算，采用查询的方法统计每一个年龄段学生的人数。同时，须将上述统计结果通过饼状图、柱状图等展示出来。

②一卡通消费分析模块设计。学生一卡通消费情况分析，须统计不同性别、籍贯的学生人数，计算不同情况的比例，采用柱形图和曲线图显示消费人数与消费金额。同时，需要统计每名学生的消费信息，以为判断其经济状况提供依据。

③学生图书馆活动分析模块设计。学生出入图书馆情况的分析包含两部分：一部分是学生每天从早上七点到晚上九点出入图书馆情况的总体趋势分析；另

一部分是针对每名学生一段时间内出入图书馆以及借阅书籍的记录分析。

④学生出入宿舍情况分析模块设计。学生出入宿舍情况分析，以天为单位统计学生的进出次数，标记其出入时间，同时监测和统计每天晚上 11 点以后出入宿舍的学生，将之列入疑似未住宿的学生名单，通过系统的邮件发送模块将该名单发送给管理人员。

⑤学生在校情况综合测评分析模块设计。运用大数据技术对学生数据进行分析，不但速度快，而且可以对学生数据进行未知价值分析。为了分析学生的个人信息及其与学业成绩的相关性，学生综合测评系统采用 Spark 平台中的 Spark SQL 语句和 MLlib 机器学习模块进行数据分析。例如，分析学生成绩与其出入图书馆次数的相关性时，可以采用 MLlib 库中的 Apriori 算法、关联规则等。Spark 作为大数据处理平台的显著优点是将机器学习算法并行化，充分利用内存计算的高性能，快速运行得出结果。

分析了学生成绩与其出入图书馆次数的相关性、吃早餐与学生成绩的相关性、一卡通消费与学生经济状况的相关性后，针对学生在校情况进行综合测评。首先，从学生个人信息、一卡通消费、出入宿舍和图书馆等表格中，提取数据特征，进行特征相关性分析，对数据进行标准化和归一化处理；其次，通过对数据进行训练集与测试集的划分，确定评价的性能指标，如准确率、查全率等；最后，采用 Spark 平台中的 MLlib 针对预测问题进行建模，如可以利用 K-means 聚类算法对学生社区相关信息进行分析，判断学生的社交范围；利用逻辑回归对学生进行分类分析，判断学生在校综合情况，给出测评结果。

在对学生信息进行分析的过程中，必须考虑海量数据的问题，大数据时代的数据分析不同于传统的关系数据库分析，关系数据库主要进行数据的增加、删除、修改和查询。这种方式处理速度慢，功能简单，无法满足大数据时代的数据处理需求。为了处理海量学生数据，大数据分析模块采用 Hadoop 生态圈中的 Hive 或 Spark 平台中的 Spark SQL 进行数据的查询与统计分析，极大地提高了数据处理速度。利用上面的方法，系统可以轻松地完成对学生个人信息、一卡通消费、出入宿舍和图书馆等的统计与分析运算。

（4）可视化分析结果模块的设计

在搭建基础平台、建立数据中心整理库、进行数据分析的基础上，学生综合测评系统须将分析结果进行可视化展示。除此之外，该系统还要进行管理模块设计，如建立用户的登录模块，设置用户权限，可通过数据访问层、业务逻辑层、数据表示层等来实现。在实现过程中，页面设计采用动态网页技术标准（Java server pages, JSP）完成，JSP 提供了完整的数据驱动程序、页面显示程序，可以满足常用信息管理系统的设计。

4.系统非功能性设计

（1）系统安全设计

系统安全设计是系统的第一道防护大门，在系统运行过程中，要做如下安全设计：为防止大量用户在某个时间段一起访问系统，对同时在线人数进行限制；对用户登录进行限制，如限制用户在特定时间段内多次重复登录或限制登录次数；等等。

（2）程序资源访问控制

访问控制是在身份认证的基础上，鉴别用户的合法身份后，依据授权对提出的资源访问请求加以控制。访问控制是一种安全手段，既能够控制用户同其他系统和资源的通信与交互，也能保护系统和未经授权的资源访问，还能为成功认证的用户设定不同的访问等级。对于学生综合测评系统，超级管理员、教师、管理人员和学生具有不同的系统使用权限，操作界面各不相同，需要设置程序资源访问权限控制。

（3）数据安全设计

学生数据中涉及学生的隐私信息，因此在数据使用过程中，应将数据存放在固定的磁盘，限制外人的拷贝和查看，以保证数据不被泄漏；在展示数据分析结果时，应有所选择，保证不展示学生的敏感信息。

（二）学生综合测评系统实现

1.系统功能实现

（1）云计算与大数据平台搭建

①Hadoop 基础环境搭建。首先，Hadoop 环境需要部署在多个服务器上以形成一个集群，从而确保数据处理的高效性和系统的可扩展性。安装 Hadoop 的过程涉及配置 NameNode（管理文件系统的命名空间）、DataNode（数据节点）等关键组件，它们共同负责数据的存储和管理。在此基础上，集群资源管理系统（yet another resource negotiator, YARN）作为 Hadoop 资源管理器，可以调度各种计算资源，提高计算任务的执行效率。HDFS 可以高效地处理海量的学生数据，无论是学习成绩、行为数据还是社交互动信息，都能够被存储并快速处理。此外，为了确保数据的准确性和可靠性，Hadoop 集群还需要配置适当的数据备份和恢复策略。

②Hadoop 启动及运行效果展示。首先，需要格式化 HDFS；其次，分别利用 start-dfs. sh 命令和 start-yarn. sh 命令启动 HDFS 和 YARN；最后，利用 Java 虚拟机进程状态工具命令查看所有进程是否启动成功。

③Spark 安装与配置。Spark 是由美国加利福尼亚大学伯克利分校开发的类似 Hadoop MapReduce 的通用并行框架，具有 Hadoop MapReduce 的优点。但不同于 MapReduce 的是，Spark 可以把中间输出结果保存在内存中，从而不再需要读写 HDFS，速度更快。Spark 需要在 Hadoop 已经成功安装并正常启动的基础上进行安装。

（2）学生数据整合

学生的个人信息数据和日常行为数据，原本存储在传统关系型数据库中，为了利用大数据平台处理数据，须将关系型数据库中的数据通过 Sqoop 子项目转换到 HDFS 中，或将由监控视频文件、上网日志等构成的文件通过 HDFS 的应用程序编程接口（application programming interface, API）编写程序，直接上传到 HDFS 中。学生数据整合的方法如下：

①将关系型数据库中的数据转换到 HDFS 中。为了将学生个人信息数据从关系型数据库转换到 HDFS 中，须采用 Hadoop 生态圈中的 Sqoop。Sqoop 是用来在结构化、半结构化和非结构化的数据源之间进行数据传输的一个工具。它充分利用了 MapReduce 分布式并行的特点，可以从 Hadoop 导出数据到关系型数据库，也可以从关系型数据库导出数据到 Hadoop 中。

②数据处理流程。学生在校期间产生的半结构化和非结构化的文本文件与视频数据，主要包括学生学习动态数据和生活动态数据。其中，学习动态数据包含学生个人信息和学习结果数据等；生活动态数据包含日常消费数据、日常生活数据、课外活动数据等。结构化的学生信息被存储在学工系统、教务系统、后勤系统和图书管理系统中，经过整合后加入学校学生信息共享数据库，经过 Sqoop 子项目转换后，从关系型数据库转入 HDFS 中；半结构化和非结构化的数据通过 HDFS 的 API 编写程序被上传或下载到具有高度容错性的系统中。通过 ETL 过程 HDFS 中的数据被预处理、抽取和加载，经过 Hive 或 Spark 等数据挖掘工具分析后，采用网页设计技术进行可视化展示。

2.系统非功能实现

（1）并发用户限制实现

在线并发用户人数可以称为并发连接数。用户浏览一个网页时，和服务器之间建立了一个链接，该链接也称为并发。一个系统在运行过程中，能容纳的在线人数是固定的，因此在开发系统的过程中，需要设计在线人数统计功能，限制并发数，即同时在线的最大用户数，当达到一定数量时，不再允许其他用户登录。

（2）安全性实现

如果要把一个系统部署到互联网上运行，保障系统的安全性是必须的。它要能抵御各种攻击和入侵，采用各种策略保证用户数据不被丢失。在开发学生综合测评系统时，Java 虚拟机进程状态工具页面的设计是在 Java 2 平台企业版（Java 2 platform, enterprise edition, J2EE）框架中进行的。J2EE 提供了各种安全性策略供用户使用，具体如下：第一，针对系统中的不同用户，如系统管理员、教师、学生等，设置不同的资源访问权限，定义安全域、安全角色和用户。第二，系统对外发布时，须采用 Tomcat 开源软件，Tomcat 中的安全域是服务器存储安全配置的地方，可以设置安全验证信息，如用户信息或用户和角色的映射关系等。第三，用户通过 JSP 提交请求时，可能会受到恶意攻击，为应对攻击，系统管理员可以通过过滤数据，提高用户个人隐私的安全性。

第三章 "微时代"背景下的
学生教育管理

第一节 "微时代"概述

一、"微时代"的概念

有关"微时代"的概念有许多不同的观点，其中被人们广泛认同的概念有：微时代是以微博作为传播媒介代表，以发布内容的短小精悍作为文化传播特征的时代，微时代信息的传播速度更快、传播的内容更具冲击力和震撼力。"微时代"的用户简称"微民"，是指运用微内容的任何用户。"微民"在"微时代"的形成中，起着不可忽视的重要作用。

"微时代"主要由以下六个部分组成：第一，微博，即微型博客。它是以网络用户的人际关系为主要传播范围，通过网页、客户端等登录个人社区，以有限字数的信息内容实现信息传播目的的信息共享平台。第二，微信是一种手机聊天软件，微信用户可以通过手机、平板电脑等发送文字、照片、语音和视频等。微信用户可以通过扫一扫、摇一摇、附近的人和扫二维码的方式来添加好友和关注公众平台。微博和微信是"微时代"的代表性应用平台。"微时代"就是由微博推动形成的。第三，微小说以微博为载体，通过有限字符表达故事的内容，受到广大"微民"的喜爱。第四，微电影也就是微型电影，指通过后期剪辑缩短电影篇幅，在极短的时间内向观众表达电影的内涵。第五，微公益指将身边发生的微不足道的故事发布到微博或者微信朋友圈中进行公益事业传播的活动。第六，微旅行指将旅途中发生的故事及所见所闻发布到微博或者微信中的活动。

二、"微时代"的特点

（一）大众性

在"微时代"的信息传播活动中，人人都可以成为信息的传播者、编写者，可以自由地发表自己的观点。"微时代"背景下，人们对信息内容的要求不高，可以是自身发生的小事情，也可以是观察到的小事物。在"微时代"背景下，人们对信息质量的要求不高，以微博为例，人们可以不用严谨的逻辑关系、不用优美的文字表述就可以发布信息。并且"微时代"背景下终端机器可以是手机、平板电脑等便于携带的设备。在如今人人都拥有手机的大环境下，人们可以随时随地进行信息的传播和更新。这一特性提高了学生发布信息的积极性及参与话题讨论的活跃性，使每位学生都可以成为信息的传播者，都可以参与信息的传播活动，对学生教育管理工作的开展起到了促进作用。

（二）交互性

在"微时代"背景下，人们可以是信息的接受者，也可以是信息的传播者，信息传递的互动性得到了加强。在传统媒体背景下，人们是被动地接收信息的，并没有选择信息内容的权利。通俗来讲，报纸上写什么，人们就只能看到报纸上写的内容；电视上播什么，人们就只能看到电视里播放的内容。但是，在"微时代"，却是另一番景象。每一位"微民"都可以在"微时代"中搜索自己需要的知识信息，主动地获取信息。传统媒体传播信息是单向的，但是"微时代"中的信息传播是双向的。每一位"微民"既是信息的接受者，又是信息的发出者。"微民"可以通过微博、微信朋友圈等发布自己的言论，在接收别人信息的同时，可以通过微博、微信向别人发送信息。这一特点使人人都能参与话题的探讨、交流，并发布自己的观点。这加强了学生之间、学生与社会之间的信息交互，促进了学生人际关系网的建立，为学生教育管理工作带来了难得的机遇。

（三）及时性

在"微时代"背景下，信息的传播变得更加迅速、及时。在信息的传播过程中，信息字符数量的减少，势必会促进信息传播的速度变快。微博及微信等社交软件在手机、平板电脑上的普及，使信息的发布者可以随时随地地发布信息。这体现了"微时代"信息传播的及时性。及时性特征使学生走在了信息前沿，给学生教育管理带来了挑战，也给学生自我发展提供了难得的机遇。

（四）匿名性

在现实生活中，人们产生社交活动的原因是人与人之间的亲和感，以及外在条件所产生的交往欲望，如人的职业、外貌、社会地位等都是影响人们选择交流对象的主观因素。而在虚拟的"微时代"，人们通过"人—机—人"这种模式进行沟通交流，缺少面对面交流的可视感，也就不存在现实生活中因职业、社会地位的不同带来的对言行举止的约束力。这种约束力的缺失，容易造成网络道德的缺失。在"微时代"背景下，现实中的职业、社会地位、相貌、年龄等统统能够隐藏起来。因此"微时代"对人们思想、生活的影响是巨大的，对学生教育管理的影响也是巨大的。

（五）流动性

5G（第五代移动通信技术）的普及使信息的流动变得更加迅速。作为5G主要载体的手机，成为当下个人传播信息的主要媒介。当下使用手机上网的用户已经超过了使用个人电脑上网的用户，人们利用手机进行信息传播的速度也大大提高。而手机、平板电脑等设备具有携带方便的优势，不受电源、网线的限制，可以随时随地传播信息。在"微时代"背景下，微博、微信等信息共享平台在手机、平板电脑上的广泛运用，加速了信息的流动，给学生教育管理带来了机遇。

第二节　"微时代"背景下学生教育管理面临的机遇和挑战

手机通信技术的发展及手机软件的开发，加速了信息的传播与获取，使人们可以通过一种全新的渠道获取信息、了解世界。微博、微信等信息共享平台的普及满足了学生探索世界的需求和快速获取信息的需要。因此，"微时代"的到来对学生教育管理工作的开展起到了一定的"催化"作用，不断加速和推动着学生教育管理工作的发展。当然，随之也出现了学生沉迷于虚拟网络世界的问题，严重影响了学生的正常学习和生活，给他们价值观念的形成带来了负面影响，也给学生教育管理工作带来了极大的困难。

一、"微时代"背景下学生教育管理面临的机遇

（一）教育载体得到革新

"微时代"带来的独特教育载体使教育内容和方式变得更加生动活泼，从而提高了学生教育管理的实效性。传统的学生教育管理载体包括课堂、会议、

讲座等，学生受教育的效果受到知识信息表现形式的局限性和教授授课手段的单一性等多种因素的制约。而"微时代"背景下，微博、微信等具有可以传播图片、视频、音频等数字信息的优点，教师和学生能够在任何地方、任何时间把所需要的知识转化为图片、音频和影像传播给其他人。微博、微信等信息共享平台可以与学生教育管理工作相结合，以图片、音频和影像作为新的教育载体来辅助教学，使教学方式更具有生动性、直观性。

"微时代"为学生教育管理带来的积极转变主要有以下两点：第一，教育载体变得活泼生动。微博、微信等信息共享平台传播信息具备声色俱全、图文并茂、声情融合等优势，集声、图、文于一身的教育载体能够为学生带来最直观、最生动的体验，尤其是数码信息科技的使用，能够在教学过程中创造一种轻松、生动的教学场景，使原本枯燥乏味的教学信息变得活泼生动，使学生的思想受到影响。第二，信息的获取变得方便、快捷。微博、微信的普及促使很多学校注册公共账号，利用公共平台传播教育信息，学生只要通过手机就可以获取知识信息，非常快捷、迅速。

随着"微时代"的不断发展，微博、微信等信息共享平台已经成为学生日常生活重要的组成部分。"微时代"的及时性、流动性，能够让学生通过微博、微信等信息共享平台在任何时间、任何地点获取世界上各个国家和地区的信息，内容涉及政治、经济、文化等各个方面。

（二）教育方式得到创新

将"微时代"背景下的信息共享平台融入学生教育管理，能够创新教育方式。传统的学校教育以"填鸭式"的方式向学生灌输理论知识，以达到教育效果，带有"强制性"。微博的出现为这一"死板"的教育模式带来了意想不到的变化。当学生在信息共享平台中了解到一些与现实教育"灌输"的观点不一致或者完全背道而驰的信息时，他们就会产生疑惑，这些信息不利于学生理性地思考问题，甚至可能颠覆学生原有的正确的思想认知。因此，教育管理者要抓住时代机遇，及时对教育方式进行创新，使其与时代元素相结合，从而引导学生树立正确的思想认知。

在"微时代"背景下，教育管理者不再采用"灌输"的方式单方面地将信息传递给学生，而是利用一种全新的方式去引导学生接受正面的教育。教师将扮演"引路人"的角色，引导学生选择和接受教育信息，为学生提供服务和帮助。学生可以根据自身的爱好、兴趣来选择所要接受的教育信息，根据自身对这类信息的理解进行思考并提出问题。教师通过这些问题来分析学生所面临的困难，并为他们提供帮助和引导。"微时代"背景下的学生教育管理可以加强教师与学生之间的双向互动。

（三）教育内容得到充实

在"微时代"背景下，教育管理者可以获得最新、最全、最具有针对性的教育信息资源，来满足学生对教育内容丰富性、及时性的要求。在传统的教育活动中，教师往往以教材中的知识为主，不进行课本之外知识的拓展，也不会将理论与实际结合起来分析。因此，传统的学校教育的知识覆盖面是狭窄的，教育内容是陈旧的。微博、微信等信息共享平台中蕴藏着种类繁多、内容丰富的知识信息，这些平台与学生教育管理相结合，使其具备了"取之不尽、用之不竭"的信息资源。微博、微信等信息共享平台不受地域的限制，任何地区的教育管理者都可以进行信息资源的共享，校与校之间也可以通过微博、微信等信息共享平台实现教育资源的共享，从而丰富学生教育管理工作的内容，拓宽教育空间。

以往学生教育管理工作常常受到信息沟通不畅这一难题的影响，而微博、微信等信息共享平台的出现解决了这一难题。这主要表现在：第一，手机通信技术的不断更新，以及"微时代"的流动性和及时性特点，使微博、微信等信息共享平台中的信息一直在不断地更新，所以教育内容也随之不断地更新。第二，微博、微信等信息共享平台中隐藏着巨大的信息量，并且涉及各个领域，使教育内容变得丰富而全面。第三,教师可以将枯燥乏味的教育内容隐藏在微博、微信中,通过视频、音频、图像等形式生动形象地传播给学生,从而提高学生教育管理的实效性。

二、"微时代"背景下学生教育管理面临的挑战

(一)信息共享平台给教育管理者的主导地位带来冲击

微博、微信等信息共享平台具有信息内容丰富、获取方式快捷等特征,促使学生不再依赖传统校园媒体来获取信息,这给教育管理者的主导地位带来了冲击。

传统的校园环境是一个相对封闭的"四合院",学生想要获取知识信息只能通过如学校广播、校刊、校报等传统校园媒体,以及课堂授课等方式。传统校园媒体传播的信息大多是由教育管理者提供的。在这样的教育环境下,教育管理者一直处在信息传播上的优势地位。微博、微信等信息共享平台的诞生与发展,拓宽了学生获取信息的渠道,使教育管理者不再处于信息传播上的优势地位。

微博、微信等信息共享平台以其独特的魅力吸引着学生,使其成为"微民"群体中一支重要的队伍。"微时代"的流动性和及时性使微博、微信等信息共享平台成为拥有广阔的空间、丰富的信息内容、能够快速及时获取信息的具有优越性的传播渠道。因此,学生对微博和微信的使用频率远远高于对传统校园媒体的使用频率。

(二)手机信息技术对教育管理者提出更高要求

"微时代"背景下的学生管理工作者会遇到一种情况:教育管理者对学生灌输的教育信息,学生早已通过微博、微信等信息共享平台熟知,而学生脱口

而出的新鲜词语和接触到新的事物，教育管理者却无从得知。信息传播大师尼葛洛庞帝（Nicholas Negroponte）指出，信息社会最大的鸿沟横亘在两代人之间，当孩子们霸占了全球的信息资源时，需要努力学习，迎头赶上的是成年人，对教育者来说，更是如此。微博、微信等信息共享平台中包含了丰富的知识信息，内容多种多样、覆盖面广，涉及各个领域，形成了一个知识财富宝库。随着时代的发展，这个宝库还会不断更新。如果教育管理者不具备足够的知识储备量，没有合格的信息技术技能，将很难利用微博、微信等信息共享平台中的信息资源对学生进行教育管理。因此，教育管理者必须增加知识信息储备量，学习信息技术技能，从而满足"微时代"对学生教育管理队伍提出的要求，推动学生教育管理工作的开展。

（三）不良信息使教育环境变得更加复杂

环境是人格形成的必要条件。马克思曾说，人创造环境，同样环境也创造人。学生良好的价值观念和思想品德的形成，有一部分的功劳当归属纯净的校园环境。传统的校园环境相对封闭，学生只能在校园媒体中获取信息，很难接触到社会上的不良因素，社会上的不良因素对学生造成的影响也是微乎其微的。而微博、微信等信息共享平台的出现改变了这一情况，这些平台充斥着优质知识信息，也充斥着不健康的信息。"微时代"的匿名性和大众性使微博、微信等信息共享平台中混杂着各种腐朽思想和错误的观念，并加速了这些"垃圾信息"的流动，这导致学生接触到不健康信息的机会大大增加。随着微博、微信等信息共享平台信息内容的逐渐丰富，教育环境也变得更加复杂。

第三节 "微时代"背景下学生
教育管理的优化路径

一、转变教育管理理念

（一）树立与时俱进的教育理念

教育管理者要勇敢面对"微时代"带来的挑战，树立"与时俱进"的教育理念。我国已经进入"微时代"，微博、微信等信息共享平台对人们的生活、学习及工作方式产生了巨大的影响。随着手机信息技术的不断革新，其对学生的影响也在不断变化，这给学生教育管理的工作环境、工作方式、工作内容也带来新的变革。因此，教育管理者要树立与时俱进的教育理念，顺应时代的变革，在教育管理过程中有效利用微博、微信等信息共享平台。

（二）尊重学生的主体地位

在"微时代"背景下，教育管理者要尊重学生的主体地位，满足学生提出的合理要求。微博、微信等信息共享平台中信息的多元化，促使学生形成了更强的主体意识，不愿再在教育过程中充当被灌输者的角色。这要求教育者重视学生的诉求，尊重和理解学生对自我发展的期望，以平等的身份引导学生积极主动地参与教育活动。一方面，教育管理者要以学生为中心，从学生的实际出发，促进学生个人素质的全面发展。在教学过程中，学生应该被视为积极的参与者，而不是被动的接受者。教育管理者应鼓励学生积极参与课堂讨论和教学活动，提出自己的观点和问题，从而培养学生的批判性思维和创新能力。另一方面，教育管理者要尊重和理解学生，尊重学生的主体创造性。学生的创新意识、创新精神和创新能力是现代教育的重要目标。教育管理者应鼓励学生独立思考，提出新的观点和解决问题的方法，从而培养学生的创造力和解决问题的能力。

（三）充分认识"双微工具"的重要地位

所谓"双微工具"，指在教育管理活动中作为活动工具的微博、微信。教育管理者要重视"双微工具"对学生的影响，充分认识"双微工具"在教育管理过程中的重要地位。如今，很多学校已经将"双微工具"成功地应用到实际的学生教育管理工作中并取得了一定的成绩。但是，仍旧有一些教育管理者不重视微博、微信等信息共享平台，没有意识到"双微工具"在当今学生教育管理工作中的重要地位。

微博、微信等信息共享平台的快速发展，为学生教育管理带来了巨大的机遇，提供了更加广阔的平台。但是它也给学生教育管理带来了多层次、多维度的挑战。科技的每一次更新，都给人们带来了全新的产物，而新的产物必然有利有弊。"微时代"的流动性、及时性、大众性和交互性，为教育管理者带来了宝贵的信息库、广阔的交流平台等，也为学生教育管理工作提供了优越的条件。与此同时，"微时代"的大众性和匿名性加速了网络垃圾信息的形成和散播，许多不良信息遍布微博、微信等信息共享平台，对学生正确价值观、世界观的形成造成了严重的负面影响，给学生教育管理工作的开展和运行带来了很多困难。因此，教育管理者要高度重视"双微工具"对学生教育管理工作的影响，用辩证的态度对待"双微工具"，利用好"微时代"的特性，从而提高学生教育管理的针对性和实效性。

首先，教育管理者要摆正态度、树立信心，用客观的态度看待微博、微信等信息共享平台，还要克服消极思想，主动创新"微时代"背景下的学生教育管理工作。其次，教育管理者要改变陈旧的观念，将学生教育管理与"双微工具"相结合，帮助学生在微博、微信等信息共享平台中探索各种各样的信息，同时培养其辨别能力。最后，教育管理者必须利用好面对面授课、座谈会等重要的学生教育管理途径，将"双微工具"运用到学生教育管理中。"微时代"不断发展，新的情况、新的难题会不断产生，因此教育管理者必须充分认识到"双微工具"在教育过程中的作用。

二、丰富教育管理内容

（一）引入社会主义核心价值观

微博、微信中充斥着许多不良信息，而学生的辨别能力较差、思想尚未成熟，极易受到这些不良信息的误导。因此，教育管理者要将社会主义核心价值观融入教育内容，帮助学生树立正确的价值观念。

第一，学校应在微博、微信等信息共享平台宣传社会主义核心价值观，借助图片、视频、音频等教育载体，以更生动、直观、现代化的方式使学生主动地学习；第二，在微博、微信平台开展针对社会主义核心价值观的讨论活动，引导学生积极思考，在培养学生思考能力的同时，使学生更好地领悟社会主义核心价值观的内涵，提高思想认识，树立正确的价值观念。

（二）引入社会热点话题

微博、微信等信息共享平台成为学生了解社会时事的重要途径。微博、微信对社会热点话题的传播，使学生对国家和社会的关注度大大提高，既丰富了他们的知识，又开阔了他们的视野。当代学生思维活跃，善于发表自己的观点，而微博、微信正好为他们提供了一个开放、平等的平台，供他们畅所欲言。

在"微时代"背景下，教育管理者要重视社会热点话题给学生带来的影响，并在日常的教育管理过程中引入对社会热点话题的分析和探讨。教育管理者要将微博、微信等信息共享平台中的社会时事、积极的思想等信息加入教育内容中。首先，学校要建立自己的官方微博、微信公众账号等，并进行宣传普及。其次，对公众账号发布的信息进行加工，采取专人管理、编辑及发布信息的形式，将社会时事、校内新闻等信息传播给学生。最后，引导学生对社会热点话题进行思考，通过微博、微信对学生关心的问题进行解答，引导学生主动地思考问题，从而帮助其树立正确的价值观念。教育管理者还可以通过课堂教学或者在微博、微信等信息共享平台发起讨论的形式，鼓励学生自由地表达想法，培养学生独立思考的能力。

三、改进教育工作方法

（一）创新教育管理平台

在"微时代"背景下，教育管理者要将教育信息融入微博、微信等信息共享平台，使教育信息可以在这些平台中体现出来，促使学生更好地接受教育。传统的学生教育管理平台主要有校报、宣传栏等。这些传统的平台具有覆盖范围小、学生难接收信息等劣势。而"微时代"背景下，教育管理者可以运用微博、微信等信息共享平台，融合要传播的教育信息，系统地对信息进行分类和规划，促使学生主动、愉悦地接触并自觉学习这些信息。

通过在微博、微信上搭建教育管理平台，一方面，教育管理者可以直接将教育信息、科学知识，以及对学生的管理要求等内容发布在这些平台上，让学生第一时间直接获取这些信息，从而提高学生教育管理工作的效率；另一方面，学生可以将自己在生活中遇到的困难、学习中遇到的疑问等，通过微博、微信等信息共享平台直接以匿名或实名的方式向教育管理者提问，从而敦促教育管理者有针对性地开展学生教育管理工作。

（二）创新教育管理方式

在"微时代"背景下，学校要将"双微工具"运用到日常教学中，从而提高学生学习的积极性，引导学生树立正确的价值观念。传统的教育管理方式是教师在上面讲，学生在下面听，这导致教育者与被教育者之间缺乏有效的沟通，学生被动地接受知识信息，思考能力和创新意识得不到发展。微博、微信等信息共享平台的普及，对学生教育管理提出了新的要求。

教育管理者应该主动转变理念，积极利用微博、微信等信息共享平台进行学生教育管理：第一，教育管理者可以利用微博、微信等信息共享平台，开发手机教学软件及校园信息传播软件，将教育信息融入学生的日常生活，使学生潜移默化地接受正确积极的教育；第二，教育管理者应主动地将课堂搬进微博、微信等信息共享平台，积极占领微博、微信中的思想政治阵地，采用微信授课、微博提问、微信收查作业等方式，促使学生主动地投入学习，调动他们的积极性；第三，教育管理者要转变角色，充当引导者的角色，引导学生形成正确的价值观念和思想品德，针对学生在日常生活和学习中遇到的问题，及时提供参考意见，引导他们自己解决问题，从而提高他们的主体意识。

四、提高受教育者素养

（一）提高学生身心素质

第一，提升学生的身体素质。教育管理者应积极鼓励学生参与体育锻炼，多举行一些户外的体育运动项目，如篮球比赛、足球比赛、校园马拉松比赛等，在校园文化中加入体育元素，宣传体育运动的好处。教育管理者也可以在微博、微信中传播体育精神，让更多的学生加入体育运动。

第二，强化学生的心理素质。从被动学习到主动学习、从有人照顾生活到完全自理，这种学习和生活上产生的落差，极易造成学生心理上的负担。因此，教育管理者要在学习和生活中加强对学生心理素质的培养。

（二）提升学生网络素养

首先，加强学生网络道德教育。"微时代"的匿名性特点导致人们在微博、微信等信息共享平台中的行为受到的约束较少，人们可以肆无忌惮地抨击某一事物或者某个人。学生身处"微时代"下，也难免受到这种不良风气的影响，因此加强学生的网络道德教育迫在眉睫。第一，在德育课堂中，教育管理者应改变传统的授课模式，加入多媒体教学等机制，促使学生更好地接受道德教育；第二，在微信、微博等信息共享平台中，加入道德教育的信息，使学生潜移默化地接受道德教育，从而达到学生在网络世界中遵守道德规范的目标；第三，多组织学生参加社会实践活动，如看望留守老人、去敬老院义务劳动等，使他们更好地理解道德规范的精髓。

其次，加强学生网络文化教育。"微时代"除了给人们带来便捷的生活、广阔的空间，还带来一些网络"信息垃圾"。一些不法分子在微博、微信等信息共享平台中散播不良信息，如涉及暴力、诈骗等内容的有害信息。学生辨别真伪的能力较差，缺乏网络安全意识，极易被不法分子欺骗和利用，因此教育管理者必须加强学生网络文化教育。一方面，教育管理者要将社会主义核心价值观引入网络文化教育，主动占领微博、微信中的思想政治教育阵地，弘扬传统美德，传递正能量；另一方面，教育管理者要多举办一些普及网络文化、网络安全的讲座和展览，还要通过微博、微信等网络社交平台，积极主动地向学生宣传健康的网络文化，促使学生形成网络安全意识。

五、强化教育队伍建设

（一）主动转变角色

在"微时代"背景下，教育管理者必须转换角色、转变观念，在提升自身知识素养的同时，主动学习信息技术，将信息技术与学生教育管理相融合，并通过与学生互动，把握他们具体的心理动态和实际需求，引导它们接受素质教育，从而提高他们的知识素养和行为能力。在"微时代"背景下，教育管理者不仅是知识的传授者，而且是学生成长道路上的引导者。教育管理者应引导学生积极主动地参与学习，同时对微博、微信等信息共享平台中的信息进行监督和过滤。

（二）提高网络素质

教育管理者要顺应时代潮流，提高自身的网络素养，这样才能满足时代的要求。第一，学校要定期举行关于手机网络信息技术的培训，聘请网络技术水平高的学者、专家、教授来校举办培训班，促使教育管理者系统地学习网络信息技术，提高教育管理者的网络素养。第二，教育管理者要积极主动地将网络融入生活，在投身于网络实践的同时，熟悉网络技能，为制作教育软件和甄选教育信息打下良好基础。第三，学校要实施网络学习奖励制度，开展网络信息技术大评比，对掌握网络信息技术的教育管理者给予奖金或者其他物质上的奖励，提高教育管理者学习网络信息技术的积极性。

第四节　学生教育管理服务
微平台建设

一、紧跟时代，创新理念

（一）以创新为魂

在信息化时代，用户的习惯与偏好不断改变。为满足学生对教育管理服务的需求，教育管理者应紧跟时代发展的步伐，始终坚持创新理念，转变服务思路，升级服务模块，设计差异化服务内容与服务方式，巧妙借助新媒体与新兴微平台的优势，为师生服务。学校微信公众号、服务号、小程序等微平台的建设也应始终坚持创新理念，将创新渗透微平台的功能开发与运营管理。

部分学校的官方主微信公众号存在表达方式单一、程式化等问题。笔者认为，在建设官方主微信公众号时，教育管理者应坚持以创新为魂。具体做法包括：第一，多推送贴近学生生活的文章，倡导有个性、有特色的语言风格。第二，必须不断地探索微信公众号的推送内容与表现形式，针对当今学生的多样化需求，做到及时跟进与调整，以扩大官方主微信公众号的影响力。

学校分微信公众号存在质量参差不齐的问题。笔者认为，建设学校分微信公众号也需坚持创新，具体做法有两点：第一，创新题材。要充分挖掘分微信公众号的优势与特色，创作与官方主微信公众号有差异的内容。第二，创新表达形式。通过自由的表现方式与灵活的选题角度，对热点话题进行深度探索与挖掘，增加用户量，最终提高分微信公众号的知名度。

有的学校还会因为经费限制、技术制约、疏于维护等出现微平台建设停滞不前的情况。为改善微平台的运行现状，学校需要坚持创新内容与形式，具体做法包括：第一，校领导要重视微平台在宣传中的作用，提高对该类微平台的推广力度，给予团队创新所需的经费及技术支持。第二，培养相关人员宣传微平台的意识，最大限度地为学生带来高质量的服务。

（二）以特色为先

特色是学校微平台的核心竞争力。在当今快速发展的时代中，学校应时刻关注微平台发展动向、表现形式等。特色是学校微信公众号吸引学生关注与使用的关键因素，也是提升用户忠诚度的重要因素。学校在坚持创新的基础上，挖掘存在于校园内的体现学校理念的人、事、物，继而将其在微平台上呈现出来，并不断进行巩固，从而形成自己的特色。例如，某校希望官方主微信公众号呈现的主题是"于细微处见温暖"，所以在选取素材的时候着重通过个体身上的闪光点来塑造官方主微信公众号的风格。

学校企业号、服务号、小程序的发展状况有好有坏，原因在于没有形成自己的特色。企业号没有形成优于各大管理系统的功能板块，服务号没有形成优于订阅号的资讯服务，小程序没有形成优于手机软件的功能板块。这些微平台应该将自身的功能以更为新颖的方式展现出来，避免出现同质化现象。

特色是学校官方主微信公众号保持和增加用户量的关键所在。有些学校在创立官方主微信公众号之初并没有规划想要展现的特色，就容易出现"其他的学校有什么，我也要有什么"的现象，这一现象最终导致学校公众号中的内容泛滥，但是有价值的不多。学校应当结合本校所秉持的理念和原则，将自身的特色在官方主微信公众号上呈现出来，进而提升官方主微信公众号的知名度，最终推动校园文化建设。例如，某学校为了营造正能量的校园文化氛围，在校园内对各类人员进行采访，并通过官方主微信公众号平台进行宣传，最终赢得了师生的一致好评，同时对校园文化的建设起到了极大的促进作用。

（三）以精准为核

"精准为核"不仅要求对平台用户进行精准定位，还包括对平台输出内容进行准确把握，以及对平台风格与运营方式进行精准确立。目前，学校内各类微平台为学生提供了教育管理服务，同时为学生提供了大量的资讯、信息与应用，这就要求学校更加注意对信息的甄别与选择。如何筛选出学生喜欢的内容，如何避免不良信息对学生的侵蚀，如何遴选出学生喜欢并且真正需要的信息，如何正确宣扬主流价值观与正能量，是每个教育管理者必须严肃对待的问题，也是每一个平台运营者必须准确把握的问题。

学校分微信公众号要精准定位在校学生的个性化需求。这就要求提供学生教育管理服务的微平台紧紧把握时代发展节奏，运用高新科技发展成果，借助大数据对用户使用现状与使用满意度情况进行调查与分析，精准定位用户偏好、用户心理，进行精准的选材、运营、维护等。

官方主微信公众号要准确地展现校园风貌，为学校树立官方形象。目前，官方主微信公众号是学生获得校内外资讯的权威平台，也是展示学生风采与彰显校园风貌的主要阵地。因此，学校官方主微信公众号建设应以关注校园生活、传播校园文化、弘扬校园精神为理念，以贴近实际、贴近生活、贴近校园为要求，以服务学校改革与发展、学校各项工作与全校师生为根本宗旨。

（四）以耦合为要

某两个事物之间如果存在一种相互作用、相互影响的关系，那么这种关系就称"耦合关系"。学生教育服务管理平台的高效运转需要各部门的通力合作，打破学校之间、机构之间、部门之间、平台之间的界限，才可以产生"1＋1＞2"的效果。

对学校分微信公众号而言，耦合是提高工作效率的必要条件。目前，学校分微信公众号的建设主体一般是学生组织、职能部门等。职能的发挥或者内容资源的获取，需要得到学校各机构与组织的通力配合，这样才能保证资讯的准确性、时效性、全面性、权威性。

学校官方微信公众号管理部门包括新媒体部门、视觉设计部门、采编部门、宣传部门等。新媒体部门负责学校分微信公众号的运营和微博的协助运营。视觉设计部门负责拍摄与后期制作。采编部门负责日常的约稿、写稿、排版。宣传部门实行项目负责制，依据每次宣传的主题和形式按项目分配工作。虽然部门之间分工不同，但成立项目组可以使每个人都有机会成为项目负责人。项目负责人进行组织沟通和任务分配，这样就可以打破部门之间的界限，使每个人都有机会参与不同领域的工作，成为全面的媒体人。

（五）以服务为旨

学生教育管理微平台是致力于为学生提供高质量服务、高效率管理、高水平教育的综合性服务平台，它着眼于服务，立足于服务，为学生提供各种资源。

学校各部门要实现职能与角色的转变，强化学校职能，强化人本观念。在供给侧结构性改革中，"大市场，小政府"的理念逐渐普及，将此理论迁移到学校教育管理服务中同样可行。"大个体，小学校"才能真正使学校拥有建设校园文化与履行特色职能的自主权与选择权，也才能真正使每个学生都有切实的存在感与参与感。所以在教育领域，要实现学校、教师职能和角色的转变，学校和教师要深化"五个服务意识"，确保教育服务的质量和效率得到提升，以满足教育高质量发展的需求。

目前，各种针对校园安全、宿舍管理、教务管理等类型的学校分微信公众号层出不穷，相关教育管理者应坚持挖掘该类微平台的功能与特色化服务，真正将各类微平台打造成可以解决学生实际问题，给学生带来便利的平台。

对官方主微信公众号而言，官方主微信公众号目前面临的主要问题是"谁写谁看，写谁谁看"。要改变这种状况，就需要提升平台的服务性，具体包括两个方面：第一，官方主微信公众号的唯一性与权威性固然不可撼动，但应将服务性贯穿平台运营的理念。第二，满足需求落实服务。微平台运营应建立在用户需求的基础之上，因此教育管理者应通过生动的形式、多样的手段传达出优秀的思想、观念、内容，以满足不同人群的需求。

二、明确思路，把握方向

（一）坚持"精准供给"，满足个性发展

社会日新月异的发展，总是在学校内部最先掀起波澜，社会的发展趋势和最新科技成果总是在学校中最早得到体现，迅捷的资讯通道与多彩的信息内容，在一定程度上促使学生对今后学校的教育管理服务工作提出更高的要求。面对新时代的学生，微平台的开发与使用充满了挑战。在建设与使用官方主微信公众号与学校分微信公众号时，应当把握以下三点：

第一，正确分析学生需求。对学生用户来说，关注学校公众号的主要目的是获取资讯、方便生活。学校微信公众号应站在学生的角度思考问题，瞄准学生需求，进行运营与发展。

第二，重新定位微信作用。随着互联网的迅速发展与手机的普及，微信不再只是一种聊天工具，而是逐渐变成生活必不可少的一部分。在这个每天都在发生变化的科技时代，微信及微信公众号的定位与功能也在不断变化。因此，要正确定位微信的作用，瞄准未来发展趋势，锁定用户真正需求。

第三，努力对接学生需求。学生的需求日益广泛，并在不断变化，从理论上说，学校公众号无法满足所有学生的全部需求，所以应当最大化地满足学生的正当需求。因此，学校要区分整体共性需求和多样化个性需求，保证满足学生的共性需求，尽量满足学生的个性需求，坚持"精准供给"，满足个性发展。

（二）坚持"问题导向"，厘清模糊认识

坚持"问题导向"，始终从用户的心理出发，有的放矢地满足用户的需求，才是不断提高微平台活力与价值的关键所在。当下热点问题反映出的时代困惑，重大事件给予的启示与思考视角都将成为教育管理者难得一遇的契机，关乎学校微平台建设的未来。

学校分微信公众号的内容选取与编辑运营需要针对时下热点进行深度挖掘与追踪，需要找准学校所遇到的发展困境并进行成因分析，需要对学生发展问题进行深刻剖析与追问。"问题导向"有利于明确平台发展方向，完善服务机制，提高平台的实用性，更有利于增加用户使用量。

学校在运营官方主微信公众号时，更应坚持"问题导向"，并做到以下三点：

第一，反思发展现状。学校应当对微信公众号的发展现状进行反思，找到发展瓶颈。例如，学校微信公众号是否满足了学生的需求？有没有足够的吸引力让他们关注？这些吸引力体现在哪些方面？

第二，厘清发展方向。学校的官方主微信公众号隶属于学校的党委宣传部，承担着宣扬先进思想、校园文化的职责，以关注校园生活、传播校园文化、弘扬校园精神为理念，这应该是学校官方主微信公众号的发展方向与风格取向。

第三，坚持原则底线。在内容选择与呈现过程中，学校官方主微信号应始终坚持"温暖、力量、卓越"三项原则，以使学生有更多的收获。官方主微信公众号应当坚守底线，以宣扬正能量、传播社会主义核心价值观为使命。

（三）坚持"用户思维"，增强平台功效

学校在建设与维护学生教育管理微平台过程中，要坚持"用户思维"，始终站在学生的角度思考问题，切实了解学生的需求，摸清学生的心理与发展特征，并根据实际情况制定学生教育管理方案，确立服务思路与内容，真正解决学生的难题，为学生在校内的生活、学习、教育等方面带来便利。

对学校分微信公众号而言，坚持"用户思维"是打造受学生喜爱的平台的重要前提。大部分学校的分微信公众号目前面临内容不新颖、推送不及时与风格不明显等发展困境，归根结底，是由于其没有根据"用户思维"思考学生究竟需要怎样的平台、喜欢怎样的语言风格等，而是根据运营者自己的理解进行文章推送，导致其影响力与传播力微乎其微。由此可见，"用户思维"对获得

用户的支持极其重要。

对官方主微信公众号而言，不能只是一味强调它是学校唯一的权威发布通道，而是要明确它是学生获取资讯与谋取便利的途径，更多地从学生的角度来思考与呈现推送的内容。官方主微信公众号可以从以下三个方面来坚持"用户思维"、提高平台功效：第一，寻求人之共情。人与人之间的情感是共通的，官方主微信公众号应抓住人性中不变的内容、人心不变的部分，包括好奇心、上进心、同情心，爱美之心等。第二，抓住用户心理。官方主微信公众号应当抓住用户感兴趣的事，包括大事、新鲜事等，树立用户需要的积极、优秀、温暖的榜样，为用户提供不同的审美视听享受，包括图美、文美、音美等。第三，满足共同诉求。官方主微信公众号应当挖掘并满足学生的共同的情感诉求，包括被尊重、被认同、被关注、被关心等情感需求。

（四）坚持"主客协同"，促进感情交融

1."主客协同"参与，激发学生积极性

学生是学校教育管理微平台服务的对象，调动学生积极性的重要性不言而喻。笔者主要从以下三个方面阐释"主客协同"参与：第一，挖掘学生潜能，将学生素材纳入学校微平台题材库，研究学生用户思维的转变，探索学生内在的价值诉求，在微平台建设过程中真正吸收广大学生的力量。第二，打消学生疑虑，消除学生对学校教育管理微平台的抵触情绪，采取平易近人的方式改变学生对此类微平台的看法，让学生在微平台中真正感受到温暖与人性化的关怀；第三，深入学生中间，挖掘学生的故事，让大部分学生有被关注的机会，使他们与学校教育管理微平台建立起良好的信任关系，这样有利于此类微平台相关工作的开展与推进。

2.主客良性沟通，促进感情交融

学校教育管理微平台要站在校方的角度为学生服务，在保障学校名誉的情况下尽量为学生争取权益，力求不偏不倚，客观公正。主客良性沟通包含以

下两个方面：第一，主客之间平等对话。在遇到突发事件或发生涉及学生利益与学校名誉的事件时，学校官方主微信公众号需及时进行舆情公关，深入调查，还原事件真相，在平息事态的前提下，缓和各方之间的矛盾，保障各方的合理利益，力求公正客观。第二，增加主客沟通频率。定期举办学生代表会议，就学校教育管理微平台的建设与学生展开讨论或者就微平台出现的问题向学生寻求改进建议。

三、分类推进，提高效能

（一）微教育平台——动态生成，融合共生

新媒体的出现打破了传统媒体垄断信息行业的局面，促使信息领域呈现"百家争鸣"之势，新媒体与传统媒体虽然存在一定矛盾，但两者的本质与作用大致相同，故而两种媒体之间并不能用"落后"或"先进"类似的标准来判定谁优谁劣。从理性角度分析，传统媒体与新媒体各自拥有不同的长处，若通过合理整合的方式，可实现良性调和，彰显线上、线下教育合力的优势。

1.保留并延续传统媒体优势，以线下"稳健"弥合线上

传统媒体发展时间久、优势显著，主要体现在以下方面：受众数量多，市场基础深厚；发展时间长，模式相对成熟和稳定；操作熟悉，相关技术人员经验丰富。电视的优势是可通过固定的途径，将各种信息资源立体地展现给大众；杂志的优势是为特定受众提供专业的信息服务，具有顽强的生命力；报纸的优势是能展示丰富且具体的社会信息，利于查阅与保存；广播可以通过极具感染力的方式传播信息，实效性强。

传统媒体历久弥新，在学校教育管理服务过程中具有不可替代的重要地位，学校应不遗余力地继续发挥传统媒体的作用。具体做法主要包括：第一，加大传统媒体及相关设施的建设与普及力度。更新老旧设备，用新设备提升

放映效果，利用多样化的纸媒丰富教育素材，让内容更加贴近学生需求，使报纸、电视、杂志等媒体出现在校园各个场域，让传统媒体营造"教育场域"无处不在之势，为学生打造时时可学、处处可学的校园氛围，于无形之中传播校园文化，滋养学生人格。第二，开设专题栏目。在学校的报纸、电视台等传统媒体平台上开辟专题栏目，用于宣传报道学校的重要活动、成就以及各部门的好经验、好做法。这些栏目可以及时更新，确保内容的新鲜度和时效性，以此来吸引学生和教职工的注意，增强归属感和荣誉感。

2.开发新媒体特色板块功能，以线上"动态"丰富线下

新媒体可满足信息快速传输的要求，并以其交互性、丰富性、个性化、差异化等特质契合当代用户习惯，多元的图文表现形式使新媒体信息产品更显立体化。学校需利用新媒体开发特色教育板块，用线上动态教育丰富线下教育，具体措施主要包括以下几个方面：第一，创设线上教育共享与学习平台。在具体建设过程中，要坚持以"多元化、互动化、体验化、个性化"为落脚点，精选题材，打造精品，多元呈现，实现线上资源的"优库存"。在课堂改革领域，发挥线上与线下相结合的优势，使线上的技术手段与线下的课堂实践相结合，使线上微教学平台的资源库与线下课堂对接，丰富课堂展现形式，打造全方位、立体化的教育新生态。第二，顺应"互联网＋教育"的发展态势，借助新媒体技术构建微教育平台，实现"微课""微视频"等多种"微教育"形式，加快推进数字化优质课程建设，促进课程更加多元。第三，搭建"互动共享、跨越时空、立体多元"的交互空间，创设时时、处处、人人受教育的教育新生态。

（二）微管理平台——多元融合，层级递进

1.加强校内联动，职能部门协调共融

学校教育管理系统各自独立、管理内容千头万绪、管理个体千差万别的现状，要求学校微管理平台建设在加强校内联动的基础上协调推进，以彰显微管

理平台的活力。微管理平台建设的高效推进，需借力于校内各职能部门的协调联动。具体做法包括以下两个方面：第一，树立"层级联动"的理念，统一规划，协调推进。第二，加强各类微管理平台之间的嵌入链接、信息共享。校内常见的微管理平台以企业号与公众号为主，管理方向涵盖宿舍管理、学籍管理、教务管理、安全管理、班级管理等。不同平台由于职责与功能侧重点不同，在运行与维护上各自为营，缺乏共融与联动。学校应加强平台之间的功能整合以及资源共享，为学生提供整体一站式服务，提高管理效能。

2.加强校外合作，共建共享信息系统

为方便服务学生，提高管理效率，学校应打破地域、技术上的限制，让学生信息在校内与校外之间形成共享机制，实现良性互动，在为学生提供便利的同时，完善社会化共享素材库。学校提供信息共享服务，具体做法主要包括以下三个方面：第一，学校应及时整合学生资源库，以便与校外管理系统对接。第二，学校应加强资源库建设，满足毕业或身处外地的学生使用学校相关系统的诉求。第三，学校可以将部分管理系统的资源转由校外单位保管，以便具有相应需求的学生可以按照规定去校外资源库提取资料，从而减轻校内管理人员的压力。

（三）微服务平台——个性多样，适用贴心

1.贴近生活，引领导航

（1）着眼于微小处，贴心服务

不同学生对于微服务平台的诉求存在差异性，但他们也有共同需求。微服务平台必须围绕学生生活设置，这是微服务平台运行的出发点和落脚点，也是做好该类平台必须明确的基本原则。

（2）"以学生为本"，精准服务

"以学生为本"是微服务平台的重要原则，是促使官媒走向"人媒"的重要因素，是实现精准供给服务的首要前提。在选题时，微服务平台要坚持"有

趣、有颜、有料、有关"四个原则。第一，有趣，即所选内容应生动有趣，能满足学生的好奇心；语言生动活泼，贴近学生生活实际。第二，有颜，即尽量以图文并茂的形式呈现，在文字间插入优美的图片、有趣的动画或漫画等。第三，有料，即所选文章应贴近生活或给人以启发，如科研动态、校友故事等。第四，有关，即与学生相关。这是加强平台与学生之间联系的重要纽带。

2.围绕成长，发展指导

（1）关注成长，选择指导

学生在入学后的不同阶段遇到的主要问题不同，需要指导与帮助也不尽相同。学生在面对困难与抉择时，极其渴望得到学校的指导和建议。在了解学生的相关需求后，有的放矢地对其进行指导，是每一个教育管理者不可推卸的责任，也是每一个微服务平台运营者最佳的服务契机。

学校可以在分微信公众号中部分服务性平台中通过专项板块，对学生的学习计划、学习方式、学习节奏等进行规划与引导，为他们提供前人经验、成功案例等。

（2）在不同的阶段提供不同的定向服务

学校官方主微信公众号不仅是官方资讯的发布平台，更是囊括生活、学习、发展指导的综合性服务平台，因此学校要在官方主微信公众号中对在不同的成长阶段的学生给予不同形式的引领与帮助。

四、质量为上，打造精品

（一）关注热点，提炼标题

"标题为眼"，即标题是文章的精华与总括，也是引导学生阅读微信公众号推送内容的关键因素。由此，笔者认为，标题设置可以参考以下原则：

1.字数适中，短小精悍

标题字数适中，短小精悍，可促使学生迅速了解文义。为此，教育管理者在设计标题时应做到：提炼文章主旨，反映中心思想，字数适中、语言精练。

2.把握心理，引人入胜

悬念的设置需要语气的配合，强烈的语气能使学生对微信公众号发布的推送内容产生好奇心。制造恰当的悬念，会为推送内容增添许多"未知"的神秘色彩，学生也会因此毫不犹豫地点开链接寻找真相。为此，教育管理者在设计标题时应做到：紧扣学生心理，多用设问、反问、疑问、感叹、省略等语气和诙谐幽默的语言。

（二）针对需求，精选题材

1."以学生为本"，契合需求

学生是校园生活的主体，也是学校教育管理服务的对象，教育管理者在开展具体工作时需要充分考虑学生的切实需求与生活状态。"以学生为本"是赢得学生信任的重要前提。在打造教育管理微平台的过程中，需要"以学生为本"，贴近学生生活。要做到"以学生为本"，应把握以下三点：第一，通过问卷、访谈等方式全面了解学生的切实需求；第二，从学生的角度出发，使微平台的推送内容贴近生活、喜闻乐见；第三，微平台的推送内容应具有一定的启发性与教育意义，满足学生的精神需求。

2.善借热点，丰富话题

学生是新媒体时代的"原住民"，对校园外面发生的事件具有极高的敏感度，这就要求教育管理微平台紧跟校外热点，在众多微平台的读者争夺战中抢占热点先机，赢得学生青睐。善借热点，丰富话题应做到以下三点：第一，对社会热点问题应有较高的敏感度；第二，正确引导舆论方向，弘扬正能量与社会主义核心价值观；第三，抓住社会热点问题与学生实际学习生活的结合点，使学生在了解社会热点问题的同时又能够受到启发。

（三）精编内容，挖掘深度

1.纵向：挖掘深度

微平台在传播资讯的同时，还兼具其他教育功能。因此，学校在开展学生教育管理工作时，要纵向挖掘微平台推送的深度，做到如下三点：第一，牢牢把握微平台的四个功能——传播资讯、传导价值、传授经验、传递温暖。第二，微平台的题材选择应有清晰的标准，即应做有深度的采访、有向度的指导、有高度的升华、有温度的关怀。第三，微平台的内容选择上要坚持资讯价值与教育意义并重，丰富性与多元性共存，将人格教育、道德教育、思想政治教育等内容嵌入微平台，更好地实现平台的教育功能。

2.横向：凸显多元

微平台推送内容的选择并不一定要严肃规范，为达到教育目的的高效落实，多元教育内容与教育素材都可以通过微平台推送的形式呈现出来。微平台推送内容的选择应该坚持以下四个原则：第一，体现趣味性。选材要有趣味性，做到严谨却不失活泼、深刻却不乏生动。第二，体现多样性。选材的多样性不仅表现为内容的多样性，也表现为形式的多样性，可采用文字、图片、视频等多种形式。第三，体现生活性。即挖掘学生身边的典型事例，把学生看到、听到的事件变成教育素材。第四，体现针对性。在内容上要和学生相关，校园生活的主体永远是学生，以学生需求为中心的内容才有针对性。横向与纵向挖掘都为深化推送内容服务。

（四）贴近生活，锤炼语言

1.选用活泼多变的语言风格，营造轻松的阅读氛围

语言风格主要指教育管理者在编辑微平台推送内容的过程中采用语言的形式与风格。教育管理者要善于使用四种语言，即生活语言、专业语言、网络语言、声像语言。第一，生活语言。即接地气的表达，与书面语言相比，生活语言多了些生动和活泼的气息。第二，专业语言。即具备专业特征的规范表达，

特别重大的场合需要这种风格的语言。第三，网络语言。主要包括当下流行的热词、关键词、网络用语等，具有一定的时效性，也更容易契合学生的表达习惯。第四，声像语言。包括应用音频、视频讲述故事的方式，视觉冲击强，容易被大众所接受。

2.选择恰当的呈现风格，引导学生深度阅读

推送内容的呈现风格主要包括四种：讲故事、展风姿、蹭热点、长知识。第一，讲故事。指推送内容应具有可读性，所选的故事能够引起学生的浓厚兴趣。第二，展风姿。所选的推送内容要反映学校里面优秀老师的风范、优秀学生的卓越精神，能在学生中起到榜样的作用。第三，蹭热点，所选的推送内容要反映当下热点问题，这样更容易引起学生的注意。第四，长知识。所选的推送内容应该具有教育意义，能增长学生的知识，启发学生的智慧。平台要始终坚持有料可挖、有故事可讲述、有知识供学习、有热点可讨论。推送内容的呈现风格，对学生的阅读深度具有很大的影响。

（五）多元融合，拓展载体

1.促进新媒体多元融合，拓展载体

信息碎片化时代，活跃在学校内部的新媒体主要包括微信、微博、抖音、快手等，此类新媒体凭借即时性、互动性、丰富性、趣味性等特质在学生中颇受欢迎，且用户量大。层出不穷的新媒体、良莠不齐的信息资源，在给学生教育管理工作带来挑战的同时，也为学校微平台的建设与改进提供了新的方向与技术路线。合理借鉴此类新媒体中的技术元素，或者注册该类新媒体，并致力于学校教育管理服务工作，迎合学生的使用习惯，必定能使人耳目一新，能在传统教育服务管理的基础上提升学校微平台的活力。

2.促进多元功能融合，打造全方位服务体系

不同学校的微平台功能侧重不一，表现形式与题材选取也十分丰富。信息化时代下的学校微平台建设，应坚持推进多元融合，彰显微平台合力。第一，教育管理者应当在做好管理的基础上，完善资讯与推送等服务板块，丰富微平台的功能。第二，教育管理者应当找准微平台不同功能的最佳结合点，突出主要功能，丰富其他功能，推动平台转型。例如，官方主微信公众号，除发挥基础功能外，还应推进与多元管理系统的融合，将多类管理系统囊括于统一界面之中，由此可极大地提高工作效率，也可为学生学习、生活的各个方面提供便利。对学校分微信公众号而言，实现多元融合，是提高公众号管理效率与用户满意度的关键因素。学校分微信公众号大多由学生或者个人运营，主观性与随意性较强，时效性与规律性有待加强，在此种情况下，加强题材的多元融合，以及平台之间的互通共融，是促使学校分微信公众号脱颖而出的重要条件。

五、健全机制，保障有力

（一）组织健全，协同共进

1.组织健全，部门协同

学校教育管理微平台建设，应坚持原因和问题导向。目前，微平台建设存在组织失调、领导不力的状况，教育管理者需针对现状完善顶层设计，优化制度供给，走出教育管理微平台"表层建设"的初级阶段；应瞄准未来需求，优化顶层设计，统一规划、构建与学生"用户习惯"相契合的操作流程。

一些学校职能部门、各社团机构之间存在协同不畅的问题，影响学生教育管理微平台的运转效率与实际效用。另外，一些学校的学生教育管理微平台大多分批注册、分散运营，各大教育管理微平台之间缺少相互协调与配合共融，欠缺互促互评机制。为了解决这些问题，可以从以下两方面入手：

（1）良性沟通，部门协同

经教育管理者审核通过的微平台，需要在发展过程中得到学校各职能部门的配合与支持，打通各办公室之间、各社团之间的条块壁垒，获得相关部门的配合。具体应做好以下两方面内容：第一，强力推进，引导通力合作。教育管理者应高度重视微平台的发展，并将微平台的理论意义与实践意义传达到学校各个职能部门，联合各职能部门通力合作，为微平台的建设与发展扫清体系制度上的障碍。第二，下设部门，专项管理。教育管理者应在学校各职能部门下设专职人员，负责微平台建设管理工作，与相关职能部门之间做好良性沟通，以取得资源、技术、人力等方面的配合与支持。

（2）互促互评，协同共进

不同教育管理微平台各有侧重，优势不一，学校需合理引导各微平台发挥功能与展现优势，同时注重微平台间的共通共融，实现资源共享与辅助运营。

2.强化审核，规范管理

（1）强化审核

为达到加强审核、统一领导的目的，学校教育管理者要做到以下两个方面：第一，审核微平台注册条件与团队资格。严格把控微平台的功能定位、板块风格、语言特色、意识形态、团队实力，对于该平台是否具有长期稳定运营的能力进行精细评估，确保微平台的目的、宗旨、理念清晰准确。第二，评估微平台的实效性与价值性。教育管理微平台的价值性及实效性是衡量该平台是否具有发展潜力的重要标准，学校教育管理者应严格审核，防止出现微平台在占用学校资源后却不发挥实际效用的情况。

（2）规范管理

教育管理微平台建立之后，学校教育管理者需及时跟进，定期检查，及时整顿。具体应做到以下两个方面：第一，定期检查微平台运营状况，包括更新频率是否正常、粉丝数量是否增长、文章风格是否符合主旋律、语言类型是否得体等。第二，介入整改，指导提升。对于不合规范的微平台及时进行整改；对于出现发展瓶颈的微平台，及时提供帮助，分析问题成因，制定改进策略，开拓新颖模块。

（二）队伍齐备，德才兼备

1.队伍建设，专兼结合

（1）建立专兼职结合的人才队伍

目前，一些学校的教育管理微平台人才建设存在专业性不强的问题，应加强人才队伍的专业性建设，具体可从以下三个方面入手：第一，加强校内师资整合。加强校内优质师资整合，建立教育协作共同体，优化师资结构，实现师资协同共享，实现人岗匹配，发挥师资延伸价值。第二，加大引进专业人才的力度。学校应聘请专家学者到校任兼职名师，建立校外联动人才库，为教育管理微平台的发展建设储备智囊团队。第三，将优秀学生纳入人才体系。吸纳具备媒体素养和微平台运营经验的学生进入微平台运营团队，同时制定考核标准，清晰筛选条件，提升学生人才队伍整体素质。

（2）强化引导，促进价值认同

学校教育管理微平台团队建设应协调全员，引导全员达到对组织理念的高度认同。具体包括以下三个方面：第一，岗前教育。教育内容涵盖组织理念、平台属性、立场原则、意识形态、价值观。厘清新进成员的模糊认知，适应平台运营方式机制，为其更快融入教育管理微平台做好铺垫。第二，以师带徒。让新进成员在遇到理念或价值观把握不清的情况时向老师请教，并安排专人考核新进成员对于学校文化的认知程度。第三，日常教育。学校要按照"四个统一"的标准加强师德师风建设，强化思想意识，通过思想政治理论研讨、外出研修课程、主题活动、社会实践等渠道，深化教师对党、国情、社情等的认知，实现以德立身、以德立学、以德施教。

2.稳定队伍，良性循环

（1）人岗匹配，合理分工

稳定团队，促进团队高效运转，实现良性循环，需让员工在工作过程中找到归属感与存在感。当前一些学校的教育管理微平台存在分工不明、工作效率低下的问题，为解决这些问题，各微平台运营负责人应合理分工，加强沟通互助，提高默契程度与合作效率。具体应做到以下两个方面：

第一，人岗匹配，各显其能。微平台运营负责人应发掘团队成员各自的优势，并把每个成员放在适当岗位上，实现人岗高度匹配，以利于工作的高效完成。第二，合理分工，促进耦合。微平台运营负责人应采取长期职位设定与短期分工相结合的方式，使成员在熟悉自己所在领域之余，能够拥有学习其他相关知识与技术的机会，这就要求运营负责人根据项目与任务特色，合理分配工作，将锻炼成员与提高效率作为每次分工的重要标准，充分提高团队成员的衔接与互动程度，让成员在工作过程中得心应手，避免产生矛盾或不快情绪。

（2）定期团建，人文关怀

团队的稳定共进离不开重要的隐形因素，即团队情谊，该因素反映着团队的人性化程度，也关系到成员对于团队的认同感与归属感。微平台运营负责人需通过特定形式增强团队情谊，促进成员之间的依赖与信任，打造积极向上的微平台运营团队。

（三）制度完善，保障有力

1.完善监督机制

（1）厘清模糊认识

厘清模糊认识，明确监督主体应坚持的立场、方向、原则与底线。具体包括以下三个方面：第一，以学校整体荣誉为重。教育管理微平台在运营过程中，需要始终以维护学校荣誉与利益为重，并采取合理措施控制事态发展。第二，兼顾学生利益，客观处理校园矛盾激化事件。第三，对于具体的监督内容，包括微平台的语言、图片、题材、意识形态等，都应制定清晰明确的监督标准。

（2）完善内外部监督机制

完善内部监督机制，发挥学校师生监督机制，主要应做到以下两个方面：第一，组织学生监督团队。学生对于教育管理微平台具有使用权限，可以第一时间关注微平台提供的资讯或服务，发现微平台中出现的不规范内容，进而行使监督权利。第二，强化微平台内部互相监督机制。微平台在成立之初，就有明确的发展原则、定位、理念，在发展过程中，微平台整个运营团队需时刻把握正确的方向。

完善外部监督机制。外部监督包括校方成立的专门监督部门等的监督，具体包括以下两个方面：第一，创建专门部门，对全校微平台进行统一监管，及时清理不符合规范的内容与资讯，以免产生不良影响。第二，联合各职能部门相关负责人，形成联动监管体系，对教育管理微平台的运营进行实时监督，保障全校师生的合理权益。

2.强化激励机制

（1）明确奖评制度，突出荣誉激励

教师方面，学校应将教师贡献与奖评制度联系起来，具体包括以下两个方面：第一，对于思想政治教育教师，应运用微平台落实课程的成果进行合理评定，将文章篇数、学生阅读数量、线下实践次数纳入优秀教师的评定系统，同时将教师贡献与职称评定、薪酬发放挂钩，合理量化教师个人贡献。第二，对于微平台运营团队中的教师，将发文数量、微平台影响力与传播力、粉丝数等纳入优秀教师称号评定体系，合理评定教师的劳动成果。

学生方面，明确奖评制度，突出荣誉激励。主要应做到两个方面：第一，将学生的贡献纳入多样化评奖体系。第二，完善学生晋升渠道。教育管理微平台给予学生广阔的发展空间，实行项目制管理，让学生可以在多个岗位轮岗，完善各种技能，并给具备发展潜力的学生提供留校任职的机会。

（2）给予适当补助，实行物质激励

学校需给予资金支持，对教师与学生的相关付出进行物质激励。第一，给予资金支持，完善报销流程。就微平台运营团队而言，在团队购买设备、器材等方面给予资金支持，支持团队访谈、调研、外出培训，并允许报销其中的必要花费。第二，给予稿酬补助或者馈赠纪念品。对师生在微平台所发文章的阅读量进行统计，并将阅读量与稿酬联系起来，激发广大师生调研、访谈、编辑与投稿的热情。

第四章　"互联网＋"背景下学生教育管理新模式

第一节　"互联网＋"背景下学生教育管理新模式的内涵和特点

"互联网＋"背景下，面对开放的、多元化的、交互式的新型教育生态环境，学校学生教育管理的理念、内容、实现的方式都将发生一系列新变化，学生教育管理目标从管事向育人转变，教育管理空间从校内延伸到校外，教育管理主体从教育管理者为主转向学生自我教育为主，教育管理方式从单向转向互动，教育管理过程从事后、事中管理向事前、事中、事后全过程管理转变，教育管理队伍日趋专业化，教育管理信息实现网络化，教育管理工作格局趋向立体化。这种全新的学生教育管理模式是以学生为主体、教育管理者为主导，家校社协同，教育载体多要素联动的学生教育管理模式。

一、"互联网＋"背景下学生教育管理新模式的内涵

学生教育管理新模式的构建，是一个多维度、系统化的工程，它深刻影响着学生的全面发展。这一新模式的核心内涵，可以归结为教育管理目标、教育管理主体、教育管理过程及教育管理机制这四个紧密关联、相辅相成的

组成部分。

学校学生教育管理目标的核心在于培养德智体美劳全面发展的社会主义建设者和接班人。在教育管理主体的转变上，学校正逐步打破传统单一主体的管理模式，向多元主体共治的方向迈进。这一变化意味着，除了传统的学校管理者和教师外，学生、家长、社区及社会各界都被纳入学生教育管理的重要参与者行列。这种多元化主体的参与，不仅丰富了学生教育管理的视角和资源，也提高了教育决策的民主性和科学性，有助于形成更加开放、包容和富有创新性的教育环境。尤为重要的是，学生在这一转变中扮演着至关重要的角色。他们不仅是被动的受教育者，而且逐渐转变为教育的积极参与者。学生开始意识到自我教育和自我管理的重要性。

在"互联网＋"背景下，学生教育管理模式正经历着从封闭静态向开放动态的根本性转变。传统的学生教育管理框架被打破，取而代之的是以互联网为核心平台，深度融合大数据技术的全新管理模式。这一模式不仅能够深度挖掘并追踪学生的成长轨迹，还能即时评价学生行为，为教育管理者提供精准的决策依据，从而实现教育策略的动态调整与个性化指导。面对日益开放的教育环境，育人主体不再局限于校园内，而是呈现出多元化的趋势，同时，教育资源变得更加丰富多样，教育过程变得更加动态化。教育管理者需要不断适应变化，灵活调整教学策略。

在这样的背景下，学校教育管理新模式的实质在于构建一种新型的、平等的、互动的师生关系。这种关系强调师生之间的平等对话与相互尊重。通过互联网技术的赋能，教师可以更加便捷地与学生进行沟通交流，了解他们的需求与困惑，为他们提供更加精准、有效的指导。同时，学生能够更加主动地参与教育过程，与教师形成良性互动。

二、"互联网＋"背景下学生教育管理新模式的特点

（一）确立学生在学生教育管理中的主体地位

在传统的学生教育管理模式中，学校的教育管理者、班主任等构成了管理的核心力量，而学生则往往被置于被动接受教育和被管理的地位。新模式基于"以学生为本"的理念，重新定位了学生在学生教育管理的主体地位和作用，学生不是教育管理的对象，而是被赋予了学生教育管理主体的身份和作用。学校鼓励学生积极参与与自身利益息息相关的学生事务教育管理。通过这样的参与过程，学生不仅能增强自我教育管理意识，还能够在实践中不断开阔视野、锻炼应对复杂问题的能力、增强对社会的认知。这种转变不仅促进了学生个人的全面发展，也极大地提升了学校教育管理的效率和质量，形成了更加和谐、高效的教育管理生态。

（二）整合协同"家校社"育人元素，构建育人共同体

学生教育管理新模式的一个重要特点就是深度整合与协同家庭、学校、社会三大育人支柱及其丰富资源，共同编织成一张全方位、立体化的育人网络。在这一网络中，学校作为核心主体，发挥着引领与协调的关键作用，而家庭与社会则作为不可或缺的参与者，提供着独特的支持与资源。

（三）"互联网＋"与教育载体有机联动，拓展育人时空

在"互联网＋"背景下，一个开放、自由且无边界的网络空间应运而生，为学生教育管理创新提供了前所未有的机遇。新模式聚焦于"互联网＋"技术与各类教育管理载体的深度融合与有机联动，彻底打破了传统学生教育管理在时间和空间上的限制。通过"互联网＋"的赋能，学生教育管理不再局限于教室之内、校园之围，而是实现了课上与课下的无缝衔接，校内与校外的广泛

交流，以及现实与虚拟世界的深度融合。这种跨越不仅极大地扩展了学生教育管理的边界，还使学生教育管理活动对学生生活实现全方位、全天候的覆盖。

第二节　学生教育管理模式的问题分析

一、当前学生教育管理模式存在的问题

（一）教育管理理念落后

当前，在学生教育管理领域，学校对时代变迁、学生特性及学校教育本质的认识尚停留于理论探讨层面，这揭示了学校学生教育管理理念尚未成熟的现状。在这一背景下，学生的教育主体地位被弱化，学校长期依赖行政化的管理模式，倾向于采用统一标准进行管理，因而忽视了对学生个性与潜能的培养。

具体而言，学校在学生教育管理工作中过分强调管理的刚性，服务意识相对薄弱，倾向于依赖过往经验而非倡导民主参与，依赖制度约束而非激发学生主体性。在教育管理过程中，教育管理者往往倾向于采取直接命令的方式，并要求学生无条件服从命令，这种管理方式虽能在短期内维持秩序，但长期来看，既抑制了民主氛围的形成，也阻碍了学校的持续健康发展。

更为关键的是，这种管理模式深受传统教育观念影响，学校倾向于事后处理而非前瞻预防，将学生视为需要被监督与纠正的对象，而非主动成长的个体。这种管理态度忽视了对学生行为的提前预测与引导，缺乏对学生成长过程的全面关怀与支持。因此，学生教育管理不仅未能充分发挥其应有的功能，反

而在一定程度上偏离了教育的初衷，无法促进学生全面且有个性的发展。

（二）教育管理方法单一

目前，一些学校的学生教育管理工作依旧是以行政命令模式开展。从管理方式而言，其当前存在的问题主要体现在以下三个方面：

1.习惯用"训导"的方法

教育管理者在很大程度上依赖训导手段来推进工作，他们在开展教育管理工作时明确告知学生哪些行为是被允许的、哪些是被禁止的。然而，这种长期以训导为主的管理模式，虽然确保了规章制度的执行，却难以有效激发学生的创造力。

2.习惯用"堵截"的方法

在学生教育管理上，部分教育管理者仍秉持着机械化的管理理念，倾向于采用短期内见效的严惩手段，导致"堵截式"管理在学生工作中的频繁应用。这种管理方式侧重于事后的补救与惩罚，而非事前的预防与引导。教育管理者多在问题发生后，才匆忙采取"堵截"措施，但此时已错过了最佳解决时机，因而导致预期的教育管理目标难以实现。

3.习惯用"灌输"的方法

一些学校的学生教育管理工作普遍采用灌输式教育，即通过说教来管理和引导学生。然而，这种方法与关于道德教育的理念相悖，并不是有效的道德教授或教学方法。简单地将社会规范与标准强加给学生，不仅会抑制其个性的自由发展，还可能因缺乏互动与理解而难以达到预期的教育效果。学校一味采用这种较为陈旧的教育管理方式，无法充分激发学生的内在潜能和创新精神。

（三）教育管理机制不健全

学校在学生教育管理工作上面临的一个核心问题是内容界定模糊，这直接导致了教育管理机制的不健全。在"互联网＋"时代浪潮的推动下，社会对学生思想政治教育工作的期待与要求日益多元化，而既有管理机制的不足显著降低了学校教育适应时代变迁的能力。

互联网技术的迅猛发展及其相关产品的普及，极大地提高了网络在学生生活中的渗透力，这种渗透深刻而广泛，涵盖了思想、行为等多个层面。与此同时，随着西方意识形态、资本主义思想等多元文化在网络空间中的广泛传播，网络信息环境变得复杂多样，其中不乏涉及暴力等内容的不良信息。学生群体容易在海量信息中迷失方向，思想观念受到错误信息的影响。

当前，网络监管体系面临着专业人才匮乏、技术手段落后、跨部门协作不畅等问题，导致信息甄别与过滤效率低下，难以有效净化网络环境。

（四）教育管理网络平台建设滞后

在"互联网＋"技术的深刻影响下，教育管理者必须敏锐地把握并巩固在网络领域的主导权与话语权。早在 2004 年，中共中央、国务院就已高瞻远瞩地提出，应积极在网络空间开辟教育管理的新阵地，通过创建集思想性、知识性与趣味性于一体的多功能主题教育网站或网页，使网络成为推动学生教育管理工作创新发展的主渠道。"互联网＋"技术的广泛应用，不仅重塑了众多平台的思维模式，也深刻改变了社会各领域的运作模式。

当前，部分学校在"互联网＋"时代的浪潮中显得步伐滞后，未能充分发掘并利用其带来的优势，要么尚未建立自己的线上平台，要么即便建立了平台也未能有效推动学生教育管理工作的革新。这些平台往往未能实现与网络技术优势的深度融合，导致平台功能单一、效率低下。

一个成功的线上平台，不仅要满足师生间多样化的沟通需求，更要实现实时的互动交流，确保信息的开放性和流通性。然而，现阶段许多学校仍沿用单向、单一的沟通方式，师生之间的互动更多停留在分享与告知层面，缺乏即时性和互动性。在这种模式下，学生难以有效表达自己的真实需求，也无法获得及时、高效的反馈，这不利于学生教育管理工作的开展。教育管理网络平台建设滞后的原因主要有以下三个方面：

1.学校与外部环境未有效衔接

"互联网十"技术的发展，已将网络无缝融入学生教育管理工作的外部环境。这一环境涵盖了家庭、社会等多个维度。然而，当前的教育系统在实践中却存在一种倾向，即过度聚焦于学校内部，忽视了家庭、社会及网络环境对学生成长的深远影响。这种单一视角的管理模式，不仅导致了学生教育管理工作与外部环境的脱节，也阻碍了家庭、社会及网络等资源在学生教育管理中协同作用的发挥，导致学生教育管理体系难以形成多层次、多渠道、立体化的整体协调机制。

2.未充分运用教育管理网络平台

部分学校在学生教育管理工作中，对于网络技术的潜力挖掘不足，技术应用相对有限，这直接影响了真正意义上的开放交流、实时沟通平台的建立。因此，师生之间的有效沟通面临诸多障碍与不便，影响了学生教育管理工作的顺畅进行。值得注意的是，部分学校的教育管理者在网络平台的建设与管理上缺乏足够的资源整合意识，未能将平台功能与国家教育政策、学校实际情况等紧密结合。同时，他们也未能将互联网思维和技术融入日常工作，导致已建立的平台在交流效果上大打折扣。这削弱了"互联网十"技术在学生教育管理中的应有效能。

3.网络平台教育效果不显著

学校在网络领域若未能树立较高的公信力，将削弱网络平台的正面导向作用，导致其在学生教育管理上的努力难以见效。教育管理者因无法即时洞悉学生动态，难以做出预判与个性化指导，导致其工作的精准性和时效性受限。网络平台教育成效的不足，阻碍了学校对学生实施有效且有针对性的思想政治教育，这不仅影响了学生教育管理的深度，也促使学生将注意力转向其他平台，削弱了学校自有平台对学生的吸引力。随着"互联网十"技术的深入发展，学生日益偏向使用互动性更强的实时平台。这些平台中可能掺杂着的不良信息，给学生教育管理带来了新的挑战。

（五）教育管理队伍的专业化能力有待提升

教育管理者的专业素养直接关乎其工作成效，优秀的师资力量是优质教育的基石。当前，我国正全面推进素质教育，对教育管理者队伍的能力提出了更高要求。然而，部分学校对学生教育管理不够重视，缺乏应有的系统培训，导致教育管理者难以适应"互联网＋"时代带来的工作变革。具体而言，一些教育管理者偏重控制而非服务，工作模式倾向于单向信息传递，缺乏对学生个体差异的深入了解，难以制定差异化的教育策略。这一现象可能是管理队伍构成的多样性导致的，主要体现在教育管理者队伍中不乏未经系统培训即上岗者，以及实践经验不足、理论应用能力较弱的成员。在"互联网＋"环境快速变化的背景下，这些人员在捕捉有效信息、发挥引领作用方面显得力不从心，难以有效引导学生形成积极向上的价值观。

二、当前学生教育管理模式存在问题的原因

（一）学生自身原因

1.学生独立自主意识、权利意识强，自控能力不足

独立性作为衡量学生综合素质的关键指标之一，其重要性不言而喻。笔者通过调研发现，多数学生展现出强烈的独立倾向：他们偏好独立思考，面对问题时能够迅速而果断地做出决策，并倾向保持个人决定的独立性，不希望受到外界干扰；他们普遍具备较高的知识素养，拥有较为完善的知识结构，同时维权意识强，能够积极维护自身权益；他们具备基本的法律常识，因此他们在日常生活中能够规范自身行为，培养良好的习惯。

然而，值得注意的是，尽管这些学生在多个方面表现出色，但在自律意识

方面却存在明显不足。大多数学生尚未建立起健全且稳固的自律体系，这导致他们在面对"互联网＋"时代的各种诱惑和挑战时，容易出现自制力薄弱、自控能力不足等问题。

2.以自我为中心、认知情绪化，鉴别能力不足

当前，大多数学生是独生子女，在成长过程中相对较少接受系统的劳动教育，这可能在一定程度上影响了他们实践能力和责任感的培养。同时，随着学习生活的日益网络化，学生更易受到网络环境的深刻影响，这可能导致他们出现情绪化的反应，缺乏足够的同理心和社交技巧。此外，面对网络和社会上纷繁复杂的信息，一些学生的鉴别能力不足，容易受到不良信息的影响或误导。这不仅可能影响他们的身心健康，还可能给他们价值观的形成和未来发展带来潜在的风险。

3.网络虚拟依赖、价值观多元化，社交能力不足

在"互联网＋"背景下，学生不可避免地被卷入海量信息的洪流之中，这些信息中蕴含着多样化的价值观念，极易对学生产生影响。在人际交往方面，由于青少年时期特有的情感波动与意志尚待稳定，学生可能过度沉迷于新媒体的使用，导致其对网络的过度依赖。这种依赖心理促使他们在虚拟世界中寻求自我认同与满足感，虽然短期内可能带来一定的心理慰藉，但长此以往，却会削弱他们在现实生活中的社交能力，影响其建立健康、稳固的人际关系网络。

（二）学校教育的影响

当前，部分学校仍采用传统的命令式管理模式来开展学生教育管理工作，这种模式不仅忽视了人文关怀的重要性，还在无形中赋予了管理强制性的色彩，从而削弱了学生管理工作的服务本质。在此理念指导下，学生教育管理往往陷入内容模糊、针对性不强的困境。教育管理目标的设定趋于形式化，缺乏与学生群体的深度互动，执行过程中缺乏灵活性。

就管理机制而言，传统的学校学生教育管理呈现出单边直线型的非全面特征，主要依赖于校党委、团委及行政管理部门的单向推动，这不利于学生管理机制的顺畅运行。在行为规范方面，部分学校依赖于严格的规章制度结合学生的自我道德约束来达到目的。然而，在"互联网＋"时代，规章制度的约束力因网络监管的局限性而被削弱。网络以其虚拟性、多样性和随意性吸引着学生，但网络所具有的隐匿性等特点也加剧了学生教育管理过程中道德失范和责任淡化的风险，使学生教育管理工作面临前所未有的挑战。

（三）社会环境的影响

随着我国社会经济的蓬勃发展，各领域均经历了显著变革，其中互联网技术的飞跃更是将社会推向了信息爆炸的新纪元。在这一背景下，学生置身于观念多元、思想纷呈的环境中，价值观的构建面临着前所未有的挑战与影响。社会主义市场经济不仅催生了多元化的所有制结构和利益主体，也促使学生在消费观念上展现出多样化的价值取向。学生与社会紧密相连，社会上的矛盾与突发事件往往能迅速触动他们的敏感神经，引发其对既有价值观的质疑，而新价值观的塑造却不是一蹴而就的。与此同时，西方价值观念伴随着文化的交流传播至我国，在为学生提供了观察世界多元体系的窗口的同时，也不可避免地让他们接触错误的价值观念，使他们的价值认知变得更加复杂。

第三节　"互联网＋"背景下
学生教育管理新模式的实现路径

一、更新基于"互联网＋"的学生教育管理理念

（一）坚持"以生为本"的教育管理理念

"以生为本"教育管理理念的核心在于将学生置于教育管理的中心位置，强调以学生为本体，彰显学生在学习过程中的主体地位，鼓励并激活学生的主体意识，通过实践锻炼提升学生的主体能力，进而使学生塑造健全的主体人格。在"互联网＋"背景下，这一理念成为构建新型学生教育管理模式的基石。首先，它要求学校秉持"三全育人"的核心理念，即全员育人、全程育人、全方位育人，始终将学生视为教育的主体，通过激发学生的内在动力，引导他们形成正确的世界观、人生观和价值观，实现自我认同、自我约束、自我教育与自我管理，从而达到全面发展的目标。

其次，学校应尊重学生的个性差异与自由发展。在多元且开放的社会环境中，差异性和多样性是不可避免的。学生在身体条件、生理特征、心理状态、价值追求及道德观念等方面均展现出个体差异。同时，他们在学习与生活中追求个性表达，渴望展现自我风采。因此，教育管理者必须尊重这些差异，以辩证的视角和方法，针对不同学生的具体情况进行精准分析和个性化管理。在强调培养学生的道德责任感、道德理性及法治观念的同时，不抑制学生的天性，而是顺应自然规律，因人施教，实施分类管理，以保护和激发学生的创造力与活力，促进其个性得到充分的发展。

（二）创新基于"互联网＋"新技术的育人理念

"互联网＋"时代的到来，正深刻改变着学校教育的面貌。为了适应这一变革，学校必须不断探索并创新学生教育管理的方式、策略、内容及技术手段，始终坚守育人的初心与使命。通过将"互联网＋"与教育教学、科研、行政及学生管理等各个层面深度融合，如推广云课堂、构建网络服务大厅、实现"一键式"服务网络、建立学生网格信息中心等，学校能够实现对学生校园生活信息的全面、实时追踪。借助大数据的强大分析能力，学校能够更加精准地把握学生的思想动态、学习进展、生活状况及行为模式，从而对学生进行针对性的引导、教育和规范。

"互联网＋"时代的来临，不仅为学校的学生教育管理带来了前所未有的便利，也向教育管理者提出了新的挑战与要求。在这一背景下，教育管理者亟须树立全新的育人理念，将互联网思维与工具深度融入学生教育管理的各个环节，构建起一个多渠道、立体化、广覆盖的育人生态系统。这一系统旨在通过信息的即时传递、资源的有效整合与服务的精准提供，强化教育管理的基础性和支撑性作用，促进学生综合素质的全面提升，确保他们能够在快速变化的时代中健康成长。

二、健全基于"互联网＋"的学生教育管理工作机制

（一）构建家校社协同机制

2019年2月，中共中央、国务院印发了《中国教育现代化2035》，明确提出重视家庭教育和社会教育。家庭教育通过家庭成员之间情感交流和言传身教来进行，主要内容是道德品质、行为习惯和家风教育，家庭教育具有启蒙性和优先性，是一种隐性教育，更是学校教育的重要基础；家庭教育是以生活形

式进行的教育,更具实践性和灵活性,不可或缺。学校教育主要是指学校开展的文化素养、专业知识、心理健康、价值观、创新精神等教育,是学生的主渠道教育,是一种显性教育。社会教育是指学生参加有益于身心发展的各种社会活动,以了解社会、适应社会、服务社会。社会教育是对学校教育的完善,对学生起着独特的作用。

"互联网+"时代的浪潮中,新技术、新媒体与新业态的迅猛涌入,为学校学生教育管理领域带来了前所未有的机遇和挑战。面对这一复杂局面,学校亟须完善并优化现有的学生教育管理机制,勇于探索并创新管理模式,以适应新时代的教育需求。

构建家庭、学校、社会三位一体的协同教育机制,成为新型学生教育管理架构中不可或缺的一环。家校协同,并非传统意义上家庭教育与学校教育的简单配合,而是建立在双方深度互动与合作的基础之上。学校应主动搭建起高效畅通的交流平台,与家长实现线上、线下的无缝对接,随时随地的双向沟通。在此过程中,学校不仅要向家庭提供教育指导,还应积极吸纳家庭对学校教育的监督与建议,从而优化教育资源的配置。

社校协同,超越了单一的学生社会实践活动范畴,它要求政府、社会各团体组织积极整合教育资源,为学校教育提供有力支持与广泛参与。通过学校教育与社会教育的深度融合,形成社会参与、支持并监督学校教育的良好格局。这种协同不仅丰富了学校教育的内涵,也拓宽了学生的视野与成长空间。

(二)打造大数据平台服务机制

1.构建学生数据管理系统

对于学校而言,构建一个全面的学生数据库是提升其教育管理工作效率与质量的关键举措,它使教育管理者能够迅速且清晰地把握每位学生的个体特征、价值取向及心理状态,这正是大数据技术在学生教育管理中价值的彰显。此数据库的建立,不仅是构建线上综合服务平台的基础,更是推动学生教育管理服务迈向智能化、精准化的重要一步。

在构建过程中，学校需克服内外部数据整合的障碍，特别是数据使用权限与技术壁垒。政府及社会各界拥有丰富的数据资源，如国家标准化考试信息等，但这些数据往往因安全及隐私考量而未能充分开放给教育领域。因此，学校需加强与政府、社会机构的沟通与合作，争取获取更多外部数据资源，以丰富学生数据库的内容。同时，内部资源整合亦不容忽视，学校应打破部门壁垒，促进学工、教务、图书馆、后勤及心理咨询等部门间的信息共享与协作，确保各类学生数据能够无缝对接，形成统一、全面的学生数据管理系统。

该系统将整合学生的培养信息、教育记录及学籍档案等关键数据，实现内部资源的深度共享与高效利用。通过这一平台，教育管理者能够更加全面、准确地掌握学生情况，从而制定与实施个性化教育方案，进而推动学生教育管理工作向精细化、智能化的方向发展。

2.建立在线讨论的信息分享平台

学校在校园网站上精心打造的线上分享平台，不仅是一个多元服务的集合体，更是推动思想理论教育资源与学生自主教育两大领域创新发展的重要载体。一方面，该平台致力于构建具有示范效应的思想理论教育资源网站，为学校建设注入了新的活力；另一方面，该平台以学生为核心，打造了一系列线上名站名栏，紧密围绕校园师生的日常生活与真实体验，丰富了平台的内容。

作为学校网络互动社区的核心组成部分，线上分享平台积极融入校务微博、校园公众号等新媒体元素，充分利用新媒体强大的传播力与渗透力，以图文并茂、音视频结合等多样化的形式，生动展现了校园文化与信息。这不仅有助于扩大学校官方媒介的影响力与覆盖面，更在潜移默化中促进了优秀传统文化、红色经典文化等的广泛传播，为学校文化建设增添了浓厚的文化底蕴与时代特色。

在"互联网＋"背景下，学校正积极探索并实践线上、线下融合的教育管理模式，其中线上教育管理不仅是对线下工作的有力补充，更是对传统教育模式的一次创新与升级。为此，构建线上平台成为学生教育管理新模式的关键一环，它不仅为师生提供了一个跨越时空界限的信息传递与资源共享的广阔舞台，还极大地丰富了学生的校园生活，为传统教育管理模式增添了新的活力与趣味性。

当前，依托"互联网＋"技术，一系列新型学生教育方式和线上教学平台应运而生，如 MOOC（大规模在线开放课程）等，它们以视频形式将课程内容呈现在学生面前。然而，这些平台往往缺乏实时互动性，学生只能被动接受知识，无法与教师或其他同学进行即时的交流。相比之下，直播平台和云课堂等新型教学软件则彻底改变了这一现状。学生只需注册并输入课程代码，即可轻松进入直播课堂，与教师及其他同学进行实时互动。

在直播课堂中，教师能够即时记录教学过程，针对学生的疑问进行精准解答，甚至反向提问以激发学生的思考。这种双向互动的教学模式不仅提升了教学效果，还促进了师生之间的情感交流。同时，直播课堂也为教师提供了回顾教学过程的方法，有助于他们进行自我反思与教学改进。

此外，新建立的校园线上分享平台可以支持学生转发他们感兴趣的话题，从而促进了关键信息的广泛传播。这一平台的实时分享特性极大地提高了学生的参与度，无缝集成了师生的线上活动，缩短了师生间的心理距离。同时，教育管理者能借助该平台即时掌握学生的动态，适时地给予指导和帮助，将教育管理融入学生的日常学习生活。

3.完善教育管理制度保障机制

学生教育管理制度作为学校制度体系的核心构成，其核心功能在于规范学生的道德行为、强化学生的法治意识，并在学生的日常学习、心理需求及成长道路上发挥引导、教育及支持等关键作用。这一制度不仅是培育符合社会需求的高素质人才与社会主义事业接班人的坚实基石，还随着"互联网＋"时代的到来与教育管理理念的革新，面临着完善与优化的迫切需求。构建全新的学生教育管理制度体系，旨在提升管理工作的科学性、精准性和实效性，以适应新时代教育发展的要求，确保学生教育管理工作的持续进步与高效运行。

（1）制定新的信息网络教育管理制度

在"互联网＋"背景下，学生教育管理活动跨越了校园的实体界限，深入社会各个层面。鉴于此，构建科学、高效的信息网络教育管理制度体系，已成为确保新型学生教育管理模式顺畅运行与持续发展的关键前提。这一制度体系不仅是学生教育管理组织不可或缺的机能组成部分，更是保障管理工作规范性、公正性、科学性与高效性的基石。

（2）优化现有学生教育管理制度

第一，在优化现有学生教育管理制度的过程中，必须坚定不移地秉持"以生为本"的核心理念。学生不仅是教育管理活动的直接对象，更是这一过程中不可或缺的主体。因此，学校应积极鼓励学生参与本校教育管理制度的修订与讨论中来，确保制度能够充分反映学生的真实需求与期望。这样的参与机制不仅能增强学生的归属感与责任感，还能提高制度内容的合理性与可行性，使之更加贴近学生的实际需求。

第二，学生管理制度的构建应明确纵向与横向两个维度。纵向制度体系主要指国家及省市教育行政管理部门所制定的宏观指导政策，这些政策为学校教育管理提供总体方向与框架。横向制度体系则聚焦于学校内部的具体管理实践，包括学籍管理、宿舍管理、奖惩制度等多个方面。在优化横向制度时，学校尤其要注重从传统的"管理性"向"教育性"转变。这意味着，制度设计不仅要体现对学生行为的规范与约束，更要蕴含深厚的教育意蕴与人文关怀。

三、提升基于"互联网＋"的学生教育管理者队伍专业化水平

（一）积极打造网络平台，注重与学生交流互动

随着"互联网＋"模式的广泛应用，教育管理者正积极利用这一数字化浪潮，强化与学生的交流互动。他们利用网络平台，如构建专属的课程网站，上传丰富的教学课件和视频资源，为学生创造了一个可随时随地访问的学习与互动环境。此外，教育管理者通过建立 QQ 群、微信群等社交媒体群组，进一步拓宽了师生沟通的渠道，使课后的交流与讨论变得更加便捷。这种全方位、多渠道的互动模式，不仅让教育管理者能够更及时、更全面地掌握学生的动态与思想变化，还能在学生学习或生活中遇到的问题时，迅速给予有效的指导和帮助。通过这种方式，教育管理者不仅促进了学生的学业进步，也加深了对学生个性与需求的了解，从而提升了学生教育管理的精准度与有效性。

此外，教育管理者不仅利用这些平台关注学生的学业进展，还深入学生的生活与情感世界，及时在学习策略、人际交往、职业规划等多个维度为学生提供个性化的建议与解决方案。

（二）构建网络话语体系，引领校园文化新风尚

教育管理者应当利用网络技术积极构建专属的网络话语体系，这一体系需兼具导向性与包容性。该体系作为信息传递的载体，不仅能够迅速传达重要信息，还能有效引导学生行为、规范校园网络秩序。在纷繁复杂的网络思想环境中，教育管理者应勇于担当，不畏舆论挑战，通过这一网络话语体系牢固掌握话语权和管理权，确保学生教育管理工作的有效实施。

为了丰富校园文化生活，教育管理者还应充分利用网络技术，携手学生组

织、社团联合会等多元力量，共同推动校园网络文化活动的蓬勃发展。这些活动不仅能够增进学生之间的交流与合作，还能在潜移默化中引导学生树立正确的网络价值观。

此外，面对网络空间中不良信息的传播，教育管理者需依托先进的互联网技术及完善的规章制度，实施有效监管。教育管理者还可以通过选拔并培养网络"意见领袖"，引导网络舆论走向，营造积极向上的网络氛围，来确保校园网络环境的安全与稳定。

四、优化基于"互联网＋"的学生教育管理环境

（一）营造公平正义的社会环境

1.社会公平环境

教育公平是最重要且最基本的公平之一。社会生活中存在的一些不公平现象，特别是教育不公平，容易引起学生的特别关注。针对一些不容忽视的社会问题，政府应扮演关键角色，通过制定和完善相关政策措施，从根本上保障教育资源的均衡分配。对于教育领域内的资源分配不均问题，政府应加大投入，优化资源配置。此外，政府还需建立健全学生权益保障机制，确保学生的基本权益得到有效维护。加强监管与执法力度，严厉打击各种形式的违法违规行为，为学生营造一个公平、公正的社会环境。

2.社会舆论环境

在多元化、复杂化的社会舆论环境中，各类观点与声音交织碰撞，既有引领潮流的先进思潮，也不乏落后甚至错误的观念。这一背景下，学生作为思想活跃、易接受新事物的群体，其教育管理与成长过程深受舆论环境的影响。为此，政府及社会各组织团体必须高度重视舆论引导工作，以营造积极向上的舆论氛围，促进学生的健康成长。首先，政府及社会各组织团体应充分利用电视

电台、期刊报纸、微信微博等多元化媒体平台。这些平台不仅是信息传播的重要渠道，更是塑造社会舆论的关键阵地。其次，政府及社会各组织团体要关注学生的思想动态和心理需求，通过互动交流、答疑解惑等方式，引导他们正确看待社会现象和问题，形成理性、客观的认识和判断。最后，政府及社会各组织团体要积极引导学生树立、培育、践行社会主义核心价值观。同时，政府及社会各组织团体要注重发挥榜样引领作用，树立一批可学可敬的先进典型，激励学生见贤思齐、奋发向上。

（二）营造清朗的校园环境

随着"互联网＋"时代的到来，网络新媒体如雨后春笋般蓬勃兴起，这一变化深刻地影响着学校的校园环境，使之呈现出前所未有的新面貌。因此，学校必须积极适应网络时代的发展要求，致力于营造一个清朗、健康、积极向上的校园环境。

一是改善校园"硬"环境条件。这里的"硬"环境涵盖学校的物质基础，如精心设计的校园建筑、绿意盎然的绿化景观、先进的教育教学设备、完善的生活设施，以及高效稳定的网络系统等。一个优质的校园环境，不仅能够为学生提供一个促进学习、激发创造力的物理空间，还能在潜移默化中塑造学生的品格，使其具备良好的行为习惯与道德修养。

有效改善校园"硬"环境，学校的首要任务是精心规划、设计校园建筑与自然景观，力求将校园打造成为集学习、休闲、审美于一体的公园式或景区式空间。这样的环境不仅能够为学生提供视觉上的享受，更能激发他们对美好生活的向往与追求，从而在学生的心灵深处产生积极的影响。

加大对学生学习生活基础设施的投入力度，确保各类配套设施的完善与更新，是提升校园"硬"环境质量的另一重要方面。这包括但不限于教学设备的现代化升级、图书馆资源的丰富与更新、宿舍条件的改善、体育设施的完备等。通过解决学生在校期间可能遇到的实际困难与问题，学校能够为学生创造一个更加舒适的学习生活环境，进而促进他们的全面发展与健康成长。

二是加强校园"软"环境建设。学校"软"环境主要指校园文化、师生关系、师德教育、校园活动及校纪校规等。它们以无形、独特的力量，对学生进行教育或影响。这些无形却强大的力量，深刻影响着学生的成长轨迹，是校园环境的精髓所在。缺失了"软"环境的滋养，学生教育管理就如同失去了动力的风筝，难以翱翔于广阔的天空。

强化校园"软"环境建设，首要任务是深化校园文化建设，培育积极向上的校风、严谨求实的教风与勤奋好学的学风。这样的文化氛围，能够潜移默化地引导学生树立正确的价值观，激发他们的学习热情与探索精神。同时，构建民主平等的师生关系是至关重要的，它要求师生在人格上相互尊重，在心理上彼此接纳，在情感上紧密相连。教师应当成为学生的良师益友，不仅在学业上给予学生指导，更在情感与思想上为学生提供支持，为学生营造出一个温馨和谐、鼓励创新的学习环境。

（三）构建良好的家庭环境

父母是孩子的第一个老师，家庭是学生的第一个教育管理环境，深刻影响着学生思想道德观念和行为方式的形成发展。在"互联网＋"背景下，家庭环境在学生教育管理中的角色越发重要。

第一，构建一个和谐、民主且充满爱的家庭氛围，对于塑造孩子自信、开朗、乐观的性格至关重要。父母若能做到"严于律己，宽以待人"，不仅能为孩子树立正面的榜样，也能促使孩子学会自律；反之，若父母"严于律子，宽以待己"，则可能让孩子在面对挑战时习惯性地归咎于外，缺乏自我反省的能力。

第二，家长应成为孩子热爱学习与生活的典范。家长应秉持终身学习的理念，展现出对知识的渴望和对生活的热爱，这样的态度将潜移默化地影响孩子，使他们认识到持续学习与积极生活的重要性。因此，一个温馨、积极、充满正能量的家庭环境，是孩子健康成长、成才的坚实后盾。

（四）打造干净的网络环境

《第 5 次全国未成年人互联网使用情况调查报告》显示，我国未成年网民规模不断扩大，2022 年未成年网民规模已突破 1.93 亿。2018—2022 年，未成年人互联网普及率从 93.7%增长到 97.2%，基本达到饱和状态。未成年人用网低龄化趋势明显，过去 5 年小学阶段的未成年人互联网普及率从 89.5%提升至 95.1%。城乡未成年人互联网普及率差距持续减小，从 2018 年的 5.4 个百分点下降至 2022 年的 1.0 个百分点。未成年人使用互联网的广度和深度明显提升，使用手机上网的未成年网民比例一直保持在 90%左右，正在使用智能手表、智能台灯、词典笔、智能屏等新型智能设备的未成年网民均超过 20%。这凸显了净化网络环境、营造清朗网络空间的紧迫性。

首先，有关部门深入推进"净网专项行动"，坚持"全链打击、生态治理"，对严重危害网络秩序和群众权益的突出违法犯罪和网络乱象发起凌厉攻势，确保网络环境的健康与安全。

其次，强化网络监管与甄别机制，有效抵御西方价值观念的隐性渗透。当前，网络空间充斥着"网络动漫""好莱坞大片""欧美剧"等西方文化产品，其中不乏消极颓废思想及历史虚无主义等意识形态的渗透，对学生的行为规范和价值观念构成潜在威胁。因此，相关部门需加大监管力度，筛选过滤不良内容，同时积极推广社会主流价值观、优秀传统文化及红色经典文化，构建网络上的社会主义核心价值观传播与教育平台，促进网络文化的创新与发展，引导学生树立正确的世界观、人生观和价值观。

最后，严格审查各类 App，特别是针对广告内容的监管。净化 App 环境，严格审查广告内容，确保用户权益不受侵害，是打造清洁网络空间不可或缺的一环。

第五章　学生教育管理信息化平台
与系统的建设

第一节　学校教学联合体网站
平台的建设

一、学校教学联合体网站的设计

（一）学校教学联合体网站的主要功能模块

学校教学联合体网站除了涉及学校普通网站应有的网站公告、新闻动态、科研动态、重要链接、后台管理等模块，还应包括以下主要的教学联合功能模块：

　　1.用户管理模块

学校教学联合体网站包括两类用户，即学生和学校教学联合体的教师。学校教学联合体的教师兼有系统管理员功能，学生需要进行用户注册才能使用网站，学校教学联合体教师的用户账号则是通过人工分配进行管理的。新用户注册包括呈现注册时需填写的表格和注册要求、检查用户注册信息的合法性、给出输入错误的提示信息、检查用户名是否重复、将用户注册信息保存到数据库中、给出用户注册成功的信息提示。用户进入教学联合体网站的页面后，可以随时修改用户名和用户角色以外的个人资料。用户资料修改功能包括呈现用户原来注册时的所有信息、呈现修改资料的表格、检查用户修改内容的合法性、将修改后的用户信息保存到数据库中、给出用户修改完成的提示信息。

2.资源中心模块

在一定范围内向社会公开自己的资源，让更多的人享用资源，是学校教学联合体网站发展的需要，更是各校自身发展的需要。可见，资源是学校教学联合体网站的核心功能，对学校各类资源的建设和组织至关重要。

学校教学联合体网站的资源有一部分是学校在网站建设时提供的，如与学校教学联合体相关的文件、规章制度、招生与就业信息及图书信息资源等。还有一部分是在后期使用中由教师和学生在进行学习、探索和研究的过程中不断积累和收集的，如学校教学联合体的在线学习资源及精品课程等。用户可以使用学校教学联合体网站上的所有相关资源，也可以把自己收集的相关资料上传到服务器中供其他用户浏览和使用。

3.教学管理模块

教学管理模块的主要功能是在教学资源共享的框架下，建立教师互聘等教学管理平台和服务体系。应用该模块，可以建立有利于教学资源共享的运行制度，鼓励教学联合体中的各所学校尽可能多地开放实验室、图书馆、计算机中心、体育场所等教育教学设施。

4.协作学习模块

协作方法是达到协作教学目的的有效保证，方法正确可促进联合教学的深入发展。在协作方法上，学校教学联合体要本着教学信息反馈、教学经验交流、教学优势互补、教学资源共享的原则广泛开展学习交流活动，协作学习模块就是基于这样的目的而设计的。

从本质上讲，学校教学联合体协作学习模块类似于论坛，但学校教学联合体协作学习模块的功能更为全面，是所有学校教学联合体用户实现交流的一种有效方式，它为学校教学联合体的用户提供了一个相互交流的平台，更为用户进行协作学习提供了工具。协作学习模块不仅可以使学校教学联合体用户针对某个专题提出讨论，还可以使联合体的所有用户参与讨论，发表自己的观点。此外，协作学习模块可以协助学校教学联合体的用户根据学习内容的不同而采用不同的活动方式，提升学校教学联合体用户之间的协作能力和实际解决问题的能力。因此，组织者要对协作活动做好组织和引导，使学校教学联合体用户体会到协作学习的好处。

（二）学校教学联合体网器的 C/S 处理流程

在学校教学联合体网站的三层结构中，一台服务器对应许多客户端。为了降低 Web 服务器处理数据的负担，要让客户端执行尽可能多的代码，即在客户端处理一些程序，如即时检查用户输入内容是否合法，这项工作在客户端使用脚本语言即可处理，而不再需要将程序提交到服务器进行处理。

此外，学校教学联合体网站的客户端和服务器之间，使用了标准的 HTTP（hypertext transfer protocol，超文本传送协议）。客户端通过 HTTP 向服务器端提出请求，并得到响应。服务器端接受客户端的请求后，根据要求处理数据，并将处理结果以页面的方式返回给客户。学校教学联合体网站中使用的 Web 服务器是因特网信息服务器（Internet information server, IIS），IIS 提供了因特网服务器应用程序接口（Internet server application programming interface, ISAPI）。当 IIS 从客户端收到一个扩展名为 asp 的 Web 页面请求时，通过 ISAPI 接口送给 ASP（application service provider，应用服务提供方），ASP 便会处理这个页面，并通过 IIS 的 ISAPI 接口向客户发出响应。

二、学校教学联合体网站的安全性

学校教学联合体网站的有效实施为学生教育管理的信息化提供了平台，这一平台意义重大，因此保证该平台的安全性尤为关键。学校教学联合体网站的安全性主要通过以下几个措施来加以保证：

（一）服务器双机热备

为了保证数据的安全，学校应优先选用高性能价格比、高可靠性的集群技术。因为集群可以很好地实现负载均衡与容错，更重要的是具有较高的可靠性与安全性。所有服务可在集群内均衡分布访问的 IP 流量，并可以完成如下功能：解决学校网络拥塞问题，就近提供服务，实现地理位置无关性；为学校教学联合体网站的用户提供更高的访问质量；提高服务器响应速度；提高服务器及其他资源的利用效率；避免学校网络关键部位出现单点失效的错误。

（二）数据备份与恢复

根据学校教学联合体网站平台以及原有应用系统的需求，学校教学联合体采用学校网络数据备份、系统灾难恢复和网络数据恢复策略来保护网站平台的数据。学校教学联合体网站平台包含大量的共享数据，每天都会有新的数据产生，并在学校网络上传输，最终进入设计完善的数据库系统。对于这些系统的备份，建议采用磁盘备份的方法，并结合专业的备份软件，使之具有实现固定周期的系统灾难恢复的功能。

（三）数据库的安全保护

1.数据库的通信保护

数据库与应用服务器直接的通信采用数据库加密通信方式，保证数据传输的安全性。

2.数据库的权限保护

建议采用数据库支持的认证授权方式，确保系统的稳定性、可靠性。

3.用户定义的数据库角色

在数据库中，为便于对用户及权限进行管理，可以将一组具有相同权限的用户组织在一起，这一组具有相同权限的用户就称为角色。为一个角色进行权限管理就相当于对该角色中的所有成员进行操作。还可以为有相同权限的一类用户建立一个角色，为角色授予合适的权限。

（四）网络传输及本地数据的加密保护

学校教学联合体网站所有主要的客户端与网络中心服务器端双向传输的数据、信息等，由通信程序进行 DES（data encryption standard，数据加密标准）加密后传输，以确保学校教学联合体网站服务器与用户端之间传输的数据信息的安全。

三、学校教学联合体网站的配置发布

学校教学联合体网站建设完成后，需要进行相关的配置，以完成发布任务，从而实现学校教学联合体网站的试运行。

（一）配置 IIS 的 IP 地址

IP 地址是每台计算机的网络地址，IIS 作为服务器管理软件，应该为其配置一个特定端口地址作为访问时的地址。系统默认的 IP 是 127.0.0.1，设置 IP 和端口号时，右键点击"默认 Web 站点"，选择"属性"，然后选择"Web 站点"即可设置 IP 和端口号，并可针对不同的虚拟目录配置不同的端口号。

（二）建立虚拟目录

右键单击"默认 Web 站点"，选择"新建"，然后选择"虚拟目录"，根据提示的各个选项即可设定指定物理地址的虚拟目录，包含在该虚拟目录中的文件即可在 IIS 上运行。

（三）设定虚拟目录

虚拟目录建立以后，需要对它的各个属性进行设置，包括访问的权限、应用程序设置及虚拟目录默认的首页。完成这些 IIS 的配置对 ASP 文件的顺利运行是不可或缺的。

（四）运行程序

运行程序可以用 IE 或其他浏览器的浏览功能，也可以用先前配置的虚拟目录来浏览。

第二节　校园网双层入侵
检测系统的建设

一、学校校园网存在的问题分析

（一）校园网的安全问题

网络安全从本质上讲就是网络上信息的安全，除了网络系统和计算机系统等软硬件环境的安全，最主要的是数据信息和内容的安全性。校园网既是大量攻击的集聚地，也是攻击者最容易攻破的目标。当前校园网出现安全问题的原因如下：

第一，计算机系统的漏洞对信息安全、系统的使用、网络的运行构成严重的威胁。

第二，相关人员安全意识淡薄，没有对接入网络的计算机采取基本的保护措施，从而造成文档资源流失、泄密等。

第三，计算机蠕虫、木马、病毒泛滥，影响用户使用、信息安全和网络的运行。

第四，外来的系统入侵、攻击等恶意破坏行为。有些已经被攻破的计算机会被用作黑客攻击的桥梁。

第五，内部用户的攻击行为给校园网造成了不良影响，不利于学校网络的正常运行。

第六，校园网内部用户对网络资源的滥用。有的校园网用户利用免费的校园网资源提供商业的或者免费的视频、软件资源下载，占用了大量的网络带宽，影响了校园网的使用。

第七，垃圾邮件、不良信息的传播。

（二）入侵检测系统分类比较

1.基于主机、网络和分布式的入侵检测系统

按照入侵检测的数据来源和系统结构，入侵检测系统（intrusion detection system, IDS）可以分为基于主机的入侵检测系统（host-based intrusion detection system, HIDS）、基于网络的入侵检测系统（network intrusion detection system, NIDS）和分布式入侵检测系统（distributed intrusion detection system, DIDS），如表 5-1 所示。

表 5-1　基于主机、网络和分布式入侵检测系统之间的比较

比较项目	HIDS	NIDS	DIDS
数据来源	主机系统日志	网络数据流	主机系统日志和网络数据流
优点	确定有无攻击、适合加密和交换环境	实时检测及响应、系统资源消耗少	适合高速网络、效率高
缺点	系统资源消耗大、实时性差	本身也易受到攻击	本身组件易受到攻击

2.异常检测和误用检测的入侵检测系统

按照入侵检测系统所采用的技术，入侵检测系统可以分为误用检测与异常检测两种，如表 5-2 所示。

表 5-2　误用检测与异常检测系统之间的比较

比较项目	误用检测	异常检测
原理	把现有的活动与已知的入侵特征匹配	把现有的活动与"正常"的统计数据进行比较
优点	准确性高	可检测未知攻击
缺点	无法检测未知入侵	"正常"数据难以获取

3.数据包捕获技术比较

网络数据包的捕获技术是实现各种网络安全系统的基础，也是实现本系统的关键技术。在 Windows 平台上，捕获数据包可以分别在应用层和核心层实现，如表 5-3 所示。

表 5-3　不同数据包捕获技术之间的比较

	技术类型	优点	缺点
应用层	Windows 2000 包过滤接口	针对性强，控制粒度细	无法处理网络协议栈底层协议的数据包
	Winsock 动态链接库替换		
	Winsock SPI	针对性强，控制粒度细，而且能完成 QoS 控制，扩展 TCP/IP 协议栈，URL 过滤等	无法处理网络协议栈底层协议的数据包
核心层	TDI 过滤驱动程序	可捕获应用程序的所有数据及进程的详细信息	无法得到由 Tcpip.sys 接收并直接处理的数据包信息
	Win2k Filter-Hook Driver		
	Winsock SPI	实现简单	对 Ipfiltdrv.sys 的依赖性强，功能单一

	技术类型	优点	缺点
核心层	NDIS 中间层驱动程序	可截获较为底层的网络封包，并重新进行封包、加密、网络地址转换、过滤和认证等操作	针对性差，控制粒度细，不能灵活控制具体应用层程序及控制相应的策略

二、校园网双层入侵检测系统设计

通过比较分析可看出，传统入侵检测系统单独采用应用层或核心层技术，对数据包捕获均存在缺陷，因此可以用两种模式相结合的双层入侵检测系统来避免各自的缺点，同时发挥各自的优点。双层入侵检测系统可以通过各种技术对校园网络系统进行实时监测，以发现来自系统外的入侵者和系统内部的滥用者，为计算机系统提供完整、可控、可信的主动保护。

（一）设计思路

在设计双层入侵检测系统时，采用 NDIS 中间层驱动技术与 Winsock SPI 技术相结合的方案。基本策略为：NDIS 中间层驱动程序对进出网络的封包进行检查，并根据匹配规则进行第一级检测，主要完成最基本的安全设置，如传输层及以下层协议分析，IP 地址、端口检测等，网络恶劣状况下的断网操作及 SPI 无法完成的操作。被 NDIS 中间层驱动程序放行的网络数据会由 SPI 进行检测，主要完成针对应用程序和 Web 网址的第二级检测。

（二）工作原理

本系统采用基于规则与特征的入侵检测模型，通过对接收到的原始数据包的分析，根据攻击的行为特征建立模型。当接收到数据包时，首先通过中间层驱动程序进行分析，如果是满足某种特征的攻击行为，则直接将数据包丢弃，并向用户发送警告；如果不满足，则将接收到的数据包送到应用层，由 SPI 再次进行分析。

（三）系统结构

双层入侵检测系统分为三个模块，分别为核心层包捕获模块、应用层包捕获模块、用户界面模块。

1.核心层包捕获模块

该模块位于核心层的驱动程序，根据定义的模式匹配规则进行操作，同时将产生的日志信息发送至上层模块。本模块处于操作系统核心，采用 DDK（driver development kit，设备开发包）开发。

2.应用层包捕获模块

该模块处于应用层的动态链接库，位于 SPI，拦截所有基于 Winsock 的网络通信，并根据定义的模式匹配规则进行操作，同时产生日志信息发送到上层模块。

3.用户界面模块

该模块是一个普通的应用程序，提供用户接口。用户在此设置模式匹配规则，收集并保存前两个模块产生的日志信息，向用户提供日志查询功能。

三、校园网双层入侵检测系统的关键技术

（一）环形缓冲区设计

在环形缓冲区结构体设计中，有如下几个重要的变量：

1.读序号和写序号

读序号和写序号的目的是确定当前缓冲区中数据包的数目。

2.读指针和写指针

读指针和写指针的目的是确定需要拷贝到 Win32 应用程序的缓冲区包含的数据包数量。

3.数据包长度数组

存储每一个数据包的长度，使 Win32 应用程序正确解析每一个数据包。

缓冲区是共享资源，通过事件等待机制来进行读写，也就是向缓冲区读包和写包不能同时进行。在具体操作环形缓冲区时，读写序号通过存储包个数 1～100 来记数，读写指针则是根据整个缓冲区的大小来记数，以实现循环。在到达缓冲区边界（末尾）时，需要分段读或写，也就是当目前缓冲区末尾不够读写下整个数据包的内容时，需要将剩余的部分从缓冲区的头部读或写。

设置一个时间阈值（1 秒）和需要读取的最小的数据包个数（25 个，为设计的总包数的 1/4），对于时间阈值和数据包的个数，都可以由 Win32 应用程序设定再传递到驱动程序。设定两个读包的策略如下：

第一，当缓冲区中存有的数据包数目达到所设定的最小数据包个数时，采用事件通知机制通知 Win32 应用程序将数据包全部读取出来。

第二，超过时间阈值并且缓冲区中有数据包时，Win32 应用程序自动读取数据包。

以上策略可以很好地解决数据包的读取问题，并能够通过采用多包读取策略减少上下文切换的时间，使系统具有较高的效率。

（二）数据包解析

在数据包解析的过程中，为提高驱动程序的效率，要尽早丢弃非目标数据包。数据包的算法如下：

第一，检查是否是 IP 协议数据包，不是则丢弃此包；

第二，进一步检查是否是 TCP 数据包，不是则丢弃此包；

第三，检查端口号是否是应用程序所设置的端口号，不是则丢弃此包；

第四，根据相应的协议，跳转到文本的起始处，使用 KMP 算法（克努特—莫里斯—普拉特操作）来循环匹配关键词，若匹配成功则立即返回（后面的关键词不用再匹配）并丢弃此包，若匹配不成功则放行此包。

四、校园网双层入侵检测系统的应用

入侵检测系统通常被认为是防火墙之后的第二道安全闸门，它部署于防火墙之后，对网络活动进行实时检测，是防火墙的延续和合理补充。在校园网络中部署入侵检测系统，能够从计算机网络系统中的若干关键点收集并分析这些信息，查看校园网络中是否有违反安全策略的行为和遭到袭击的迹象，起到有效防御各种攻击、防止网络资源滥用的作用。利用该系统的日志，可以分析部分用户的上网行为，从中找到处理校园网内部攻击、外部攻击和误操作的方法，实现对校园网信息的实时保护。

在通常情况下，校园网络被划分为多个不同的子网，每个子网都有一个用于上联的交换机，各个子网汇总到网络中心后连接到高性能服务器群，高性能服务器群放置在防火墙的隔离区，以保证内外网的安全访问。防护安全的重点是校园网的中心服务器群和网络骨干区域，为了安全起见，可将入侵检测探测器放置在校园网关键子网的上联交换机和核心交换机上。

系统通过检测和防护校园网络系统中重要区域和服务器群，既能够有效减少外部威胁对校园网重要区域和服务器群造成的安全损失，提高校园网络的整体抗攻击能力，又能够有效控制校园网络资源滥用，防止用户因使用各种即时通信软件、网络在线游戏及观看在线视频而出现影响网络正常运行的情况，并通过净化网络流量实现网络加速的目的。通过对校园内部网络攻击和误操作进行实时检测，可以在网络系统受到危害之前拦截和响应入侵，从而实现安全保护的功能。

总之，防火墙技术在一定程度上改善了校园网络安全问题，但仍然存在一些新的安全问题，而双层入侵检测系统对校园网络安全起到了防护和补充的作用。随着入侵检测技术的发展，可以将数据发掘、专家系统和神经网络技术等融入入侵检测技术，从而建立先进的入侵检测算法的数学模型，并且围绕互联网本身、网络安全和通信协议，把无序的数据变成有序的数据，将人控制网络安全软件的模式变成计算机的自我学习，以适应学校校园网的高速和高性能，从而更加有效地解决学校校园网络的安全问题。

第三节　学生"一站式"线上事务大厅的建设

一、学生"一站式"线上事务大厅的设计原则

（一）以用户为中心

1.深入了解用户需求

在设计学生"一站式"线上事务大厅之初，学校应通过问卷调查、访谈等多种方式，深入了解学生的实际需求，包括他们在日常生活中常使用的服务、遇到的常见问题，以及他们对现有服务的不满之处。

2.优化用户体验

学生"一站式"线上事务大厅的界面应简洁、直观，确保学生能够轻松找到所需的功能，并快速完成操作。同时，设计人员应注重细节处理，如提供清

晰的导航、合理的布局、友好的提示信息等，以提升学生的整体使用体验。

3.提供个性化服务

设计人员应利用大数据和人工智能技术，对学生的行为数据进行深入分析，从而提供个性化的信息推送和服务推荐。例如，根据学生的选课历史和成绩情况，为他们推荐合适的课程或学习资源；根据学生的消费习惯，为他们推送优惠信息或消费建议等。

（二）高效便捷

1.集成化服务

线上事务大厅应对原本分散在各个部门或系统中的服务进行整合，如学籍查询、选课系统、缴费功能、图书馆借阅、宿舍报修等，使学生无须在多个平台间切换即可完成所有事务处理。这不仅可以节省学生的时间，还可以提高学校的管理效率。

2.自动化处理

对于一些重复性高、标准化程度强的业务流程，如学费缴纳、选课确认等，应尽量实现自动化处理。通过预设的规则和算法，线上事务大厅可以自动完成这些流程中的大部分工作，从而减少人工干预、降低错误率。

3.即时反馈

对于用户的操作请求，线上事务大厅应给予即时反馈。例如，在学生提交选课申请后，线上事务大厅应立即显示申请状态和处理结果；在学生进行学费缴纳时，线上事务大厅应实时更新缴费金额和余额信息。

（三）安全性与隐私保护

1.进行数据加密处理

设计人员应采用先进的加密技术对学生的个人信息和敏感数据进行加密处理，确保数据在传输和存储过程中的安全性。这可以防止数据被非法获取或篡改，从而保护学生的个人隐私。

2.建立身份验证机制

设计人员应建立严格的身份验证机制，确保只有合法用户才能访问线上事务大厅。例如，采用用户名和密码组合、手机验证码、指纹识别等多种方式进行身份验证；对于重要操作，可以采用增加二次验证或人脸识别等安全措施。

3.制定隐私政策

设计人员应制定明确的隐私政策，并向学生公开说明。隐私政策应详细说明线上事务大厅如何收集、使用和保护学生的个人信息。

（四）可扩展性与可维护性

1.进行模块化设计

设计人员应采用模块化设计思想构建系统架构，将不同的功能模块进行分离和封装。这样可以降低系统之间的耦合度，提高系统的可扩展性和可维护性。当需要增加新功能或修改现有功能时，设计人员只需对相应的模块进行修改或扩展即可，无须对整个系统进行重构。

2.提供标准化接口

设计人员应提供标准化的数据接口，以方便线上事务大厅系统与其他系统进行数据交换和集成。这可以实现不同系统之间的互联互通和资源共享，从而提高线上事务大厅系统的整体效能。

（五）持续优化与反馈

1.建立用户反馈机制

设计人员应建立用户反馈机制，收集用户对线上事务大厅的意见和建议。可以通过在线调查、意见箱、客服热线等多种方式收集用户反馈，也可以定期组织用户座谈会或问卷调查等活动，深入了解用户的真实需求和使用体验。

2.实施性能监控

设计人员应对线上事务大厅的运行性能进行实时监控，包括系统的响应时间、吞吐量、错误率等指标。通过性能监控，设计人员可以及时发现并解决潜在问题，确保线上事务大厅系统的稳定性和可靠性。同时，设计人员可以根据监控数据对线上事务大厅系统进行优化和调整，提高其整体效能。

3.进行迭代升级

设计人员应根据用户需求和技术发展趋势定期对系统进行迭代升级。可以引入新的功能和服务，满足用户日益增长的需求，也可以修复已知的问题和漏洞，提高系统的安全性和稳定性。

二、学生"一站式"线上事务大厅的应用效果

（一）提升了学生的服务体验

线上事务大厅重塑了学生与校园服务之间的交互模式，将便捷与高效推向了新的高度。这一平台不仅满足了当代学生对于即时、灵活服务的高标准要求，更以其独特优势成为推动教育服务现代化进程的关键力量。

首先，线上事务大厅以其无缝对接的便捷性，彻底打破了时间和空间的限制。学生不再受限于传统的物理办公时间或地点，而是可以随时随地通过指尖轻触，轻松完成选课、查询课表、活动报名、费用缴纳等一系列日常事务。这极大地减轻了学生的负担，使他们能够更加专注于学习与个人发展，同时体现了学校对学生个性化时间管理需求的深刻理解与尊重。

其次，从学校的视角来看，线上事务大厅构建了一个高效、智能的服务管理体系。它不仅加速了信息流通与事务处理的速度，节约了人工操作与排队等待的时间成本，还通过数据整合与分析，为学校提供了更精准的服务优化方向。这种基于大数据的决策支持，使学校能够更加精准地把握学生需求，及时

调整服务策略，从而提升整体服务效能与学生的满意度。

最后，线上事务大厅的建设，是教育信息化趋势下的必然选择。它充分利用了互联网、云计算等先进技术，使教育服务数字化。此外，线上事务大厅还为学生参与校园活动搭建了更加便捷的平台。通过在线报名、活动信息发布等功能，学生可以轻松获取各类校园活动的最新资讯，并快速完成参与流程。这不仅丰富了学生的课余生活，也促进了学生之间的交流与互动，增强了校园文化的凝聚力与活力。

（二）减轻了学校行政人员的负担

线上事务大厅的应用在学校管理中具有显著的优势，能够有效减轻学校行政人员的负担。

首先，线上事务大厅通过引入全面的自助服务机制，彻底革新了传统服务模式。这一革新不仅极大地便利了学生及教职员工，使他们能够随时随地通过线上平台自主完成报名、选课、成绩查询、请假申请、费用缴纳及报销审批等多样化事务，而且显著减轻了学校行政窗口的压力，使行政人员得以从烦琐的日常事务中解脱出来，转而聚焦于更具战略意义的管理工作。这种自助服务模式无疑是对学校行政效率的一次重大提升。

其次，自动化流程的应用是线上事务大厅另一大亮点。通过集成先进的信息技术，线上事务大厅实现了信息的自动化采集、处理与传递，有效降低了人为错误发生的概率，提高了行政工作的精准度与可靠性。

最后，线上事务大厅还具备强大的数据分析与监控功能。通过对平台产生的大量数据进行深度挖掘与分析，学校能够精准把握师生需求、服务使用情况及管理效果等关键信息，并能够基于这些信息做出更加科学的决策。例如，通过分析选课数据，学校可以及时调整课程设置，满足学生多样化的学习需求；通过监控服务使用情况，学校可以及时发现并解决学校管理存在的问题。这种基于数据的决策模式，不仅提升了学校行政管理的科学化水平，也推动了学校整体管理效能的持续提升。

第四节　"五育"并举融合育人信息化管理平台的建设

一、"五育"并举融合育人信息化管理平台的设计原则

（一）系统性原则

平台设计需具备系统性，确保"五育"（德育、智育、体育、美育、劳育）在平台中的有机融合与统一管理。整体设计应涵盖学校学生教育管理的各个层面，包括理念体系、课程教学体系、管理体系和评价体系，形成完整的教育体系闭环。

（二）融合性原则

平台应支持德育、智育、体育、美育和劳动教育的深度融合，通过课程融合、活动融合等方式，实现"五育"的有机统一。同时，提供丰富的融合教育资源，如跨学科课程、综合实践活动等，促进学生在不同领域之间的知识迁移和能力提升。此外，平台应整合校内外各类教育资源，包括教师资源、课程资源、活动资源等，形成资源共享的生态圈。

（三）实用性原则

平台界面应简洁明了，操作流程应简单易懂，符合用户的使用习惯和需求。同时，学校应提供多种操作方式和工具，如移动端 App、PC 端网页等，方便师生随时随地访问和使用平台。此外，平台应具备完善的功能模块和工具集，满足学校日常教育教学的各种需求；提供灵活的配置选项和自定义功能，允许学校根据自身特点和需求进行个性化设置和调整。

（四）可持续性原则

学校应密切关注信息技术的发展动态和趋势，定期对平台进行技术更新和迭代升级，确保平台能够跟上时代步伐，以满足学生教育管理工作的新需求。同时，学校应建立完善的用户反馈机制，及时收集和处理师生对平台的意见和建议，根据用户反馈，对平台进行持续优化和改进，提高平台的可持续性。

二、"五育"并举融合育人信息化管理平台的架构设计

（一）总体架构设计

平台的总体架构设计应遵循分层设计的原则，划分为不同的逻辑层次，每一层负责不同的功能，层与层之间通过接口进行交互。通常，一个典型的信息化管理平台架构可以分为以下四个层次：

1.基础设施层

硬件设备：包括服务器、存储设备、网络设备（如交换机、路由器）、安全设备等，为平台提供稳定的运行环境。

网络环境：确保平台内部各组件之间，以及平台与外部用户之间的通信畅通无阻。

2.数据资源层

数据库系统：存储平台运行所需的所有数据，包括用户信息、课程资源、活动信息、成绩数据等。

数据仓库：用于存储和分析历史数据，支持数据挖掘和智能决策。

数据交换接口：提供与其他系统（如学校现有的管理系统）的数据交换功能，实现数据共享和集成。

3.业务逻辑层

核心服务：包括用户认证、权限管理、课程管理、活动组织、成绩管理、评价反馈等核心业务功能。

业务流程引擎：定义和执行业务流程，确保各业务环节之间的顺畅衔接。

智能分析模块：利用大数据和人工智能技术，对学生的学习数据和行为数据进行分析，为其提供个性化的学习建议和资源。

4.应用展示层

Web 界面：为教师和学生提供基于浏览器的访问界面，支持课程学习、活动参与、成绩查询等操作。

移动应用：开发移动端应用（如 App），方便师生随时随地访问平台。

（二）架构设计的特点

1.模块化设计

将平台划分为多个独立的模块，每个模块负责特定的功能。这种设计方式便于系统的维护和升级，同时提高了系统的可扩展性。

2.松耦合设计

各模块之间通过接口进行交互，降低了模块之间的耦合度。这种设计方式使系统更加灵活，易于扩展和修改。

3.高可用性设计

采用负载均衡、主从复制、故障转移等技术手段，确保平台的高可用性。

即使某个节点或组件出现故障，也不会影响整个系统的正常运行。

4.可扩展性设计

在架构设计时充分考虑系统的可扩展性，支持水平扩展和垂直扩展。随着用户数量的增加和业务需求的变化，可以轻松地扩展系统的处理能力。

三、"五育"并举融合育人信息化管理平台的应用效果

（一）促进学生全面发展

在当今教育体系中，"五育"并举已成为培养学生全面素质的核心战略。而融合育人信息化管理平台的引入，正是这一战略得以高效实施的关键举措。"五育"并举融合育人信息化管理平台的应用为学生的全面发展提供了有力的支持。

1.德育方面

平台在设计之初就将德育理念作为核心要素之一，确保德育贯穿学生培养的全过程。学校通过平台，能够系统地传播社会主义核心价值观、爱国主义精神、道德品质教育等内容，引导学生树立正确的世界观、人生观和价值观。

2.智育方面

学校不仅关注学生学科成绩的波动，更深入挖掘其学习兴趣、学习风格及在学科竞赛中的表现。利用大数据分析，学校借助该平台能够精准识别每位学生的学习短板与优势，进而为其提供定制化的学习路径和资源推荐。这种个性化的智育支持，有效促进了学生对学科知识的深度掌握及成绩的稳定提升。

3.体育方面

通过平台上记录的学生体育锻炼数据、参与体育竞赛的成绩与表现，学校能够为学生量身定制运动计划，并提供专业的运动指导。这不仅帮助学生养成

了良好的运动习惯，还显著提升了学生的身体素质与心理素质，为学生的全面发展奠定了坚实的健康基础。

4.美育方面

美育是培养学生审美情趣与创新能力的重要途径。通过平台上收集的学生参与文艺活动的记录、艺术作品的创作与展示等信息，学校能够给学生提供一个展示自我、激发创意的舞台。同时，通过平台，学校能根据学生的兴趣与特长，为其推荐适合的文艺课程与活动，从而进一步激发学生的艺术潜能与创造力。

5.劳育方面

劳育与社会实践是培养学生社会责任感与团队协作能力的关键环节。学校通过记录在平台上的学生参与社会服务、劳动实践的经历与成果，鼓励学生走出校园、融入社会。同时，学校可以组织各类社会实践活动与志愿服务项目，让学生在实践中学习、在服务中成长，逐步形成正确的价值观与人生观。

（二）强化学校育人理念的贯彻实施

为强化学校育人理念的贯彻实施，学校需要构建一个全方位、多层次的支持体系，以确保教育目标的全面实现和学生素质的全面提升。以下三个方面的措施可以帮助强化学校育人理念的贯彻实施：

1.明确育人理念，定制平台功能

首先，学校需清晰界定自身的育人理念，明确培养目标。其次，根据这些理念定制平台功能，确保平台能够覆盖并强化所有育人环节。例如，设计德育评价系统以跟踪学生的道德成长，建立智育资源库以促进学生的知识学习，设置体育活动管理模块以鼓励学生参与体育锻炼，开设艺术课程预约平台以推广美育教育，以及建立劳动实践项目库以落实劳育。

2.资源共享，拓宽学习边界

学校应整合校内外、国内外的优质课程资源、教学案例、学习工具等，使平台应成为优质教育资源的集散地，供师生免费或低价使用。同时，学校应鼓励师生共建共享资源，形成良好的知识共创氛围。这不仅能丰富学生的学习内容，还能提升教师的教学能力。

3.互动交流，促进家校共育

学校应在平台上设置家校沟通板块，如家长信箱、在线家长会、学生成长报告等，让家长随时了解孩子的在校表现，参与孩子的成长过程。同时，学校可以为家长提供教育资源和指导，帮助家长树立正确的教育观念，推动家庭与学校形成教育合力，共同促进学生的全面发展。

第六章 信息化赋能学生教育管理的挑战

第一节 信息意识与信息技能缺乏

信息意识与信息技能缺乏是学生教育管理领域面临的主要挑战，它主要体现在教育管理者和学生两个层面。

一、教育管理者层面

（一）信息意识淡薄

1.缺乏主动获取信息的意识

部分教育管理者可能由于年龄、教育背景或职业习惯等，对信息技术的快速发展不敏感，缺乏主动了解和学习新知识的动力。他们可能仅满足于传统的信息获取方式，如会议、文件等，而忽视了互联网、大数据等现代信息技术在学生教育管理工作中的应用。

2.信息敏感度低

在信息爆炸的时代，教育管理者需要具备高度的信息敏感度，能够迅速识别出对学生教育管理工作有价值的信息。然而，部分教育管理者对周围的信息变化不敏感，无法及时捕捉对学生教育管理工作有益的信息。

3.信息利用意识不足

即使教育管理者获取了相关信息，也可能由于缺乏信息利用意识，而无法将信息转化为有效的管理决策或行动。他们可能因未能充分认识到信息在教育管理工作中的重要作用，而浪费信息资源。

（二）信息技能欠缺

1.计算机操作技能欠缺

部分教育管理者可能由于年龄较大或长期从事非技术性工作，对计算机操作不够熟练。这不利于他们利用信息技术进行高效管理，如数据分析、办公自动化等。

2.大数据技术应用能力欠缺

随着大数据技术的兴起，教育管理者需要具备一定的数据分析能力，以便从海量数据中提取有价值的信息。然而，部分教育管理者缺乏相关知识和技能，无法有效利用大数据技术进行学生教育管理。

（三）信息技能培训不足

尽管一些学校已经开始重视对教育管理者进行信息技能培训，但培训内容和方式仍不能满足实际需求。部分培训过于理论化，缺乏实践操作环节，导致教育管理者难以将所学知识应用于实际工作。此外，培训的时间和频率不足，导致教育管理者无法获得持续的学习和提升机会。

二、学生层面

（一）信息意识淡薄

部分学生对信息的敏感度和重视程度不足，缺乏主动获取和利用信息的意识。他们可能仅将信息技术视为娱乐或社交的工具，而忽视了其在学习和职业发展中的重要作用。这种信息意识的淡薄，使学生难以从海量信息中筛选出有价值的内容，也无法充分利用信息技术来提升自己的综合素质。

（二）信息技能欠缺

信息素养的核心在于信息技能。信息技能，即学生运用信息技术工具和方法有效地获取、处理、分析和利用信息的能力。然而，部分学校在课程设置和教学过程中，往往偏重理论知识的传授，而忽视了对学生信息技能的培养。这导致部分学生虽然掌握了一定的理论知识，但在实际操作中却显得力不从心。例如，许多学生无法利用信息技能高效地处理复杂的数据信息。

（三）信息道德和信息安全意识薄弱

信息素养包括信息意识、信息知识、信息技能和信息道德四个方面。然而，部分学生在使用信息技术时，往往忽视了信息道德和信息安全。他们可能随意传播未经核实的信息，侵犯他人的隐私和权益；同时，他们缺乏足够的安全意识，容易受到网络欺诈和攻击。这种信息道德和信息安全意识的薄弱，不仅会损害学生个人的形象和利益，也不利于整个社会的稳定和发展。

同时，部分学校在信息素养教育方面仍存在内容和方式滞后的问题。一方面，教育内容过于陈旧和单一，无法跟上信息技术发展的步伐；另一方面，教育方式也缺乏创新，难以激发学生的学习兴趣和积极性。这导致学生虽然接受了信息素养教育，但教育的实际效果却不尽如人意。

第二节 技术设施配备不均

与资源不足

一、技术设施配备不均

（一）硬件设备配备差异

在学校环境中，硬件设备水平的差异加剧了信息化教育资源分配不均衡的现象。学校之间的信息化设备保有量存在巨大差异，导致教育信息化发展不平衡。在经济较为发达的地区，学校中配备的电脑数量较多，教室内部安装了投影仪等多媒体信息设备；而在经济较为落后的地区，某些学校中的电脑数量有限，甚至完全没有，更不用说在教室中安装多媒体设备了。这种两极分化的现象极大地制约了教育信息化的发展。

此外，教育信息化资源的优质资源匮乏，整合难度大。教育信息化资源包括电子音像教材、媒体素材、课件、案例、文献资料、题库、教学工具等多种类型。但目前的教育应用软件往往从单一学科、单一功能角度进行设计，各学科各功能之间不能相互结合，造成了操作困难和资源互不兼容的问题。同时，社会资源向教育系统的开放不够，资源分散、重复建设、标准化程度低，整合与共享难度大，未建成良好的共建共享机制。

先进的硬件设备为一些班级或学科提供了丰富多样的数字学习资源，如高清多媒体教学材料、虚拟实验室、互动白板等，极大地丰富了学生的学习体验，促进了他们对知识的直观理解和深度掌握。然而，那些仍在使用老旧设备的班级和学科，学生无法享受到这些先进资源带来的便利，学习体验相对单一且受限，导致他们在信息化时代的学习竞争中处于不利地位。

硬件设备水平的差异也直接影响教师的教学方法和教学效果。在安装了先进设备的教室中，教师可以灵活运用各种技术手段，如在线互动、即时反馈系统等，来提高课堂的互动性和趣味性，激发学生的学习兴趣和积极性。相反，在硬件条件较差的教室，教师可能因技术限制而难以实施这些创新的教学方法，导致教学手段相对传统、教学效果受限。

班级、学科间硬件设备水平的差异对整个学校的信息化建设进程构成了挑战。为了缩小这种差异，学校需要投入大量资金和资源来更新和升级老旧设备，以实现整体信息化水平的提升。然而，对于资源有限的学校来说，这无疑是一个沉重的经济负担。因此，硬件设备水平的差异阻碍了学校信息化建设的步伐，进一步拉大了各学校之间在信息化教育方面的差距。

（二）网络速度不一与覆盖不均

网络速度与覆盖范围是影响学校信息化建设的重要方面，直接关系学校在教学、管理上的效率和质量。

1.网络速度不一

（1）影响教学资源传递与共享

网络速度不一会导致教学资源的传递和共享受阻。在信息化教学环境中，大量的教学资源，如在线课程、教学视频、电子图书等，都需要通过网络进行传输。如果网络速度过慢，这些资源将无法迅速传递到学生手中，影响学生的学习进度和效果。此外，教师之间的教学资源共享也会因网络速度不一而受到限制，这不利于教学经验的交流和教学方法的改进。

（2）限制在线教学活动

网络速度不一会对在线教学活动造成严重影响。在线教学、视频会议、远程协作等现代教学手段已经成为学校教学的重要组成部分。然而，如果网络速度过慢，就会出现视频卡顿、音频延迟、数据传输中断等问题，严重影响教学效果和学生的学习体验。

（3）制约学校信息化发展

网络速度不一会制约学校信息化建设的整体发展。随着信息技术的不断进步和教育理念的更新，学校需要不断引入新的教学设备和技术手段来提高学生教育管理的质量和效率。然而，如果网络速度无法跟上这些技术的发展步伐，就会导致新设备和技术无法充分发挥其应有的作用和价值，从而使学校在信息化建设中处于被动地位。

2.网络覆盖不均

（1）限制信息传递的即时性

网络覆盖不均会导致一些区域无法顺利访问网络，无法实现信息的即时传递。在学校学生教育管理中，信息的及时传递对于提高管理效率和决策质量至关重要。如果某些区域由于网络覆盖不均而无法接入网络，那么这些区域的信息就无法及时传递到管理层手中，则导致管理层无法及时了解学校运行状况并做出相应决策，从而严重影响学校的管理效率和运行质量。

（2）影响教学和管理的便捷性

网络覆盖不均会影响教学和管理的便捷性。在信息化教学环境中，教师需要通过网络进行备课、授课和作业批改等工作；学生需要通过网络进行在线学习、提交作业和参加讨论等活动；管理层需要通过网络进行信息发布、数据统计和决策支持等工作。如果网络覆盖不均导致这些活动无法顺利进行，就会给教师、学生和管理层带来麻烦和困扰。

（3）加剧教育资源分配不均

网络覆盖不均可能加剧教育资源分配不均的问题。在信息化时代，网络已经成为教育资源传播和共享的重要渠道。然而，如果某些地区或学校由于网络覆盖不足而无法充分利用网络资源来提高教学质量和效率，那么这些地区或学校的学生就可能会面临教育资源匮乏的问题。这将进一步加剧教育资源分配不均的问题，导致教育公平性的缺失。

（三）软件应用程度不一致

1.影响软件应用的因素

（1）学科差异

学科特性直接决定了对信息化工具的需求程度和使用方式。理工类学科，如计算机科学、物理学和化学，由于研究方法和教学需求的特殊性，其更倾向于采用先进的软件工具，如模拟实验软件、数据分析平台等，以辅助教学和研究。这些工具不仅提高了教学效率，还培养了学生的实践能力和创新思维。相比之下，人文社科类学科，如历史学、文学和语言学，虽然也逐步引入信息化教学手段，但整体上对软件工具的依赖程度较低，使用频率也相对较少。这种学科间的差异导致了软件应用水平的不一致。

（2）师资水平的差异

教师是影响软件应用水平的重要因素。教师的信息化素养、技术能力及对新技术的学习态度直接影响其在教学和管理中软件应用的水平。一些教师具备较高的信息技术能力，能够迅速掌握并运用新软件工具，以提高教学效果和管理效率。然而，也有部分教师由于年龄、培训经历等因素，对新技术接受较慢，缺乏必要的技能和知识，导致软件应用水平较低。这种师资水平的差异进一步加剧了学校内部软件应用水平的不一致。

2.对学生教育管理的影响

（1）教师教学效果的差异

软件应用水平的差异直接影响教学效果。熟练应用信息化工具的教师，能够利用多媒体、互动式教学等手段，创造生动、有趣的学习环境，激发学生的学习兴趣和参与度。他们还能够利用数据分析工具，精准地评估学生的学习情况，及时调整教学策略。相比之下，软件应用水平较低的教师可能仍采用传统的教学方式，导致教学过程缺乏互动性和针对性。

（2）学生教育管理效率的低下

学生教育管理工作往往需要借助各种软件工具来完成。如果学校中存在大量软件应用水平较低、无法熟练掌握和使用各类软件工具的教育管理者，就可能导致管理流程不畅、数据不准确、决策效率低下等问题出现。这不仅会增加管理成本，还可能影响学校的整体运营效率和竞争力。

（3）教育资源分配的不均衡

软件应用水平的不一致还可能加剧教育资源分配的不均衡。那些能够熟练使用信息化工具的教师，往往能够获得更多的教育资源和支持，从而进一步提升其教学水平和影响力。而软件应用水平较低的教师则可能面临资源匮乏的困境，导致其教学质量和效果难以提升。这种教育资源分配的不均衡将进一步加剧学校内部的不平等现象。

二、资源不足

（一）财政支持不足

财政支持不足对学生教育管理信息化的影响是多方面的，这些影响直接关系教育信息化的发展进程及学生教育管理的效率和质量。

1.硬件设备更新滞后，影响信息化教学体验

财政支持不足首先会导致学校在硬件设备更新上的滞后。现代学生教育管理信息化需要高性能的计算机、智能教学设备、多媒体互动系统等来支持，这些设备能够提升教学的直观性、互动性和趣味性，从而激发学生的学习兴趣，提高学生的参与度。然而，资金短缺使学校无法及时采购和更新这些设备，导致学生接触到的信息化教学工具陈旧落后，无法满足现代教育的需求。这不仅会影响信息化教学的效果，还可能会降低学生的学习体验和满意度。

2.软件系统更新受阻，限制信息化管理功能

软件系统是学生教育管理信息化的重要组成部分，它直接关系教育资源的整合、教学过程的优化及管理效率的提升。然而，财政支持不足会导致学校

在软件系统的更新和维护上面临困境。旧版本的软件系统可能无法兼容最新的操作系统，存在安全隐患，且功能有限，难以满足日益复杂的学生教育管理需求。此外，缺乏足够的资金也限制了学校根据自身特色和需求打造专属的学生教育管理信息化平台。这些问题都会限制信息化管理功能的发挥，影响学生教育管理的效率和质量。

3.网络设施升级困难，影响远程教育与管理的实施

随着在线教育、远程教学等新型教学模式的兴起，网络设施在学生教育管理信息化中的作用日益凸显。然而，财政支持不足会导致学校在网络设施升级方面步履维艰。网络带宽不足、网络延迟高等问题频发，严重影响了远程教育的流畅性和稳定性。这不仅使远程教育无法充分发挥其优势，还可能影响学生对远程教育的接受度和满意度。同时，网络设施的不完善也会限制学校进行远程学生管理和家校沟通，使学生教育管理工作难以做到全面、及时和有效。

4.信息化教育资源匮乏，影响教育公平与质量

财政支持不足还会导致学校在信息化教育资源建设上的投入不足。信息化教育资源包括电子图书、在线课程、教学视频等多种形式的教育内容，它们能够为学生提供更加丰富、多样和个性化的学习选择。然而，资金短缺使学校无法购买和引进足够的信息化教育资源，导致学生在教育资源的获取上存在不平等现象。这不仅影响了教育公平的实现，还限制了学生综合素质的提升和个性化发展。

5.信息化管理人才短缺，制约信息化发展进程

除了硬件和软件方面的投入不足，财政支持不足还可能影响学校在信息化管理人才队伍建设上的投入。信息化管理人才是推动学生教育管理信息化进程的关键力量，他们具备专业的信息技术素养和教育管理知识，能够为学校信息化建设提供有力的技术支持和管理保障。然而，资金短缺可能使学校无法吸引和留住优秀的信息化管理人才，导致信息化管理队伍整体素质不高、能力不强。这将严重制约学生教育管理信息化的发展进程和水平提升。

（二）教师培训不足

教师培训不足对学生教育管理信息化的影响主要体现在以下几个方面：

1.技术应用与创新能力受限

（1）技术掌握滞后

随着信息技术的飞速发展，新的学生教育管理平台、工具和软件层出不穷。然而，教师培训的不足导致教师难以跟上技术更新的步伐，无法熟练掌握和应用这些新技术。这直接限制了教师在学生教育管理中的信息化应用水平，使教育管理的效率和质量难以得到显著提升。

（2）创新能力不足

学生教育管理信息化需要教师在掌握技术的基础上，结合学生实际需求和教育管理目标进行创新应用。然而，由于培训的不足，教师往往缺乏创新意识和能力，难以将新技术有效融入学生教育管理实践，从而限制了学生教育管理模式的创新和发展。

2.教育管理效率与质量下降

第一，学生教育管理信息化依赖于高效的信息处理和传输系统。然而，由于培训的不足，教师在使用信息化教育管理平台时可能遇到操作困难、数据录入错误等问题，导致管理流程不畅、信息传递延迟或失真。这不仅增加了管理成本，还降低了管理效率和质量。

第二，学生教育管理信息化平台能够提供丰富的数据分析和决策支持功能。然而，由于培训的不足，教师可能无法充分利用这些功能进行数据分析、挖掘和预测，从而无法为教育管理决策提供有力支持。这可能导致决策失误或滞后，影响教育管理的整体效果。

3.学生个性化发展受限

（1）学习资源分配不均

信息化学生教育管理平台能够为学生提供更加个性化、多样化的学习资源。然而，由于培训的不足，教师可能无法根据学生的实际需求和兴趣特点进行资源分配和推荐，导致学习资源分配不均、学生需求无法得到满足。

（2）互动与反馈不足

在信息化学生教育管理中，由于培训的不足，教师可能无法充分利用信息化学生教育管理平台提供的互动与反馈功能，这导致师生互动不足、学生反馈不及时或无法得到有效处理，从而影响学生的学习体验和效果，限制学生的全面发展。

第三节　资源筛选与管理的挑战

一、海量资源的筛选难度大

在教育信息化和互联网高速发展的背景下，教育资源的筛选工作面临着前所未有的挑战，这主要是由于其资源数量庞大、质量参差不齐及筛选标准不一。

（一）资源数量庞大

随着互联网技术的普及和应用，教育资源的数量呈现爆炸式增长。从传统的纸质教材到现代的电子书籍、在线课程、教学视频、模拟实验、题库等，各种形式的教育资源层出不穷、种类繁多、数量巨大。海量的资源为学生提供了丰富的选择，但也带来了筛选的难题。面对如此庞大的资源库，学生往往难以在短时间内找到真正适合自己的资源，甚至可能因信息过载而感到迷茫和焦虑。

（二）质量参差不齐

在海量资源中，资源的质量差异较大。一方面，存在大量质量高、权威性强的教育资源，这些资源由专业机构或知名学者精心制作，内容准确、丰富、有深度，能够为学生提供有效的学习支持。另一方面，也不乏低质量，甚至错误的信息。这些低质量资源可能来源于非专业渠道或个人，缺乏严格的审核和把关，存在误导性内容或错误观点。对于学生来说，如果误选了这些低质量资源，不仅无法获得学习成果，还可能被错误信息所误导，影响学习效果和认知。

（三）筛选标准不一

不同学校、不同学科、不同年级对教育资源的需求各不相同，这导致了筛选资源的标准难以统一。例如，在基础教育阶段，学生可能需要更多基础知识和技能的训练；而在高等教育阶段，学生则更注重对专业知识的深入学习和对研究能力的培养。此外，不同学科领域对教育资源的需求也存在差异。因此，在筛选教育资源时，教育管理者需要充分考虑学生的具体需求和学科特点，制定科学合理的筛选标准。然而，由于筛选标准的不一致，筛选工作变得更加复杂和困难。

二、资源质量的保障问题

在教育资源的筛选与利用过程中，资源质量的保障是至关重要的一环。它直接关系学生的学习效果和认知发展。以下从信息准确性验证、内容时效性评估，以及权威性和可信度三个方面论述资源质量的保障问题。

（一）信息准确性验证

在信息爆炸时代，教育资源的准确性直接关系学生获取知识的正确性和有效性。因此，在筛选资源时，教育管理者必须高度重视对信息准确性的验证。这要求教育管理者具备较高的专业素养和判断能力，能够识别并剔除错误或具有误导性的信息。

（二）内容时效性评估

教育资源的时效性是其价值的重要体现。随着时代的发展和学科前沿的不断推进，教育资源需要不断更新以反映最新的教育理念和教学方法。因此，在筛选资源时，教育管理者需要对资源的时效性进行评估。

（三）权威性和可信度考量

在选择教育资源时，权威性和可信度是不可或缺的考量因素。权威性和可信度高的资源往往能够提供更准确、更可靠的信息，有助于学生建立正确的认知框架和知识体系。因此，教育管理者需要关注资源的来源、作者背景、引用情况等，以确保资源的权威性和可信度。

三、资源更新的及时性问题

（一）知识更新速度快

在信息化时代，知识的更新速度前所未有地加快。新的教育理念、教学方法和研究成果不断涌现，这些新知识不仅丰富了教育内容，也改变了教育的方式和手段。因此，教育资源必须及时更新，以反映这些最新的知识和变化。只有保证资源的时效性，学生才能接触到最前沿的知识，跟上时代的步伐，为未来的学习和工作打下坚实的基础。

（二）技术迭代影响

技术的快速发展对教育领域产生了深远的影响。新的教育技术和工具如雨后春笋般涌现，为教学提供了更多的可能性和选择。这些新技术和工具的应用需要相应的教育资源支持，包括教学软件、在线平台、虚拟实验等。因此，教育资源的更新也需要紧跟技术迭代的步伐，不断引入新的技术和工具，以满足教学的需要。同时，教育管理者还需要不断学习和掌握新技术，以提高教学效果和质量。

（三）学生需求变化

学生是教育的主体，他们的需求和兴趣是教育资源更新和丰富的重要动力。随着社会的发展和学生个性的日益突出，学生的需求也在不断变化。他们不再满足于传统的"填鸭式"教学和单一的学习资源，而是希望有更多的可选择的和个性化的学习资源。因此，教育管理者需要不断更新和丰富教学资源，以满足学生的个性化需求。这包括提供不同难度、不同风格、不同形式的学习资源，以及根据学生的学习进度和兴趣推荐相应的资源。

四、资源管理的复杂性问题

在学生教育管理信息化进程中，资源管理扮演着至关重要的角色。随着教育资源的不断增加和多样化，资源管理的复杂性也日益凸显。

（一）资源分类与存储

教育资源的不断增加使资源分类与存储成为一项艰巨的任务。

第一，学校需要建立合理的资源分类体系，以确保资源能够按照学科、年级、类型等维度进行科学分类。这不仅有助于用户快速找到所需资源，还能提高资源管理的效率。然而，由于资源的多样性和动态性，分类体系的建立并不是一蹴而就的，需要随着教育需求的变化而不断调整和完善。

第二，存储技术的选择也是一大挑战。随着资源数量的增加，传统的存储方式可能无法满足需求，需要采用先进的存储技术来确保资源的安全性和可访问性。例如，云存储技术因其高可扩展性、高可靠性和低成本等优势，逐渐成为教育资源存储的首选技术方案。然而，云存储也存在网络安全、数据隐私等风险问题，需要学校采取相应的安全措施来保障资源的安全。

（二）资源使用记录与反馈

为了了解资源的使用情况和效果，学校需要建立完善的资源使用记录和反馈机制。这有助于发现资源使用中的问题，如资源质量不高、更新不及时等，并及时进行改进和优化。同时，通过用户反馈，学校能了解用户的需求和偏好，为资源的进一步开发和优化提供依据。

然而，建立有效的资源使用记录和反馈机制并非易事。一方面，需要确保记录的准确性和全面性，以便对资源使用情况进行全面分析；另一方面，需要确保反馈的及时性和有效性，以便及时响应用户需求并解决问题。此外，随着用户数量的增加和反馈内容的复杂化，如何高效地处理和分析这些数据也成为一大挑战。

（三）资源共享与合作

在信息化时代，资源共享与合作成为趋势。通过与其他教育机构、企业和个人建立合作关系，学校可以开发和利用优质教育资源，实现资源共享和优势互补。这有助于降低资源开发的成本，提高资源的利用效率和质量。然而，资源共享与合作也面临着诸多挑战。

首先，不同机构之间的资源标准和格式可能不一致，需要进行统一和规范。这需要各方协商并制定统一的标准和协议，以确保资源的可操作性和可共享性。其次，资源共享过程中可能涉及知识产权和利益分配等问题，需要各方进行充分沟通和协商以达成共识。最后，资源共享过程中还可能存在网络安全和数据隐私等风险问题，需要采取相应的安全措施来保障资源的安全和稳定。

五、技术与人员支持的限制问题

在信息化时代，技术与人员支持是教育资源筛选与管理不可或缺的两大支柱。然而，在实际操作中，许多学校往往面临技术设备落后和专业人员数量有限的问题，这给教育资源的筛选与管理工作带来了挑战。

（一）技术设备落后

技术设备的落后是制约教育资源筛选与管理的一个重要因素。随着教育信息化的发展，越来越多的教育资源和教学活动依赖先进的信息技术设备，如高性能计算机、云计算平台、大数据分析工具等。然而，部分学校由于资金、观念或其他因素的限制，可能无法及时更新和升级技术设备，进而无法充分利用信息化手段进行资源筛选与管理。

技术设备落后影响了教育资源的获取速度和准确性。例如，在资源筛选过程中，落后的设备可能无法支持高效的数据检索和比对功能，导致筛选效率低下；在资源管理方面，落后的设备可能无法提供足够的存储空间和安全保障，增加了资源丢失和泄漏的风险。

（二）专业人员数量有限

教育资源筛选与管理要求工作人员具备较高的专业素养和技能水平，然而部分学校可能缺乏专业的教育管理者来承担这项工作。专业人员数量有限不仅影响了教育资源筛选与管理的专业性和准确性，还限制了教育资源被有效利用和开发。

第一，筛选教育资源需要教育管理者具备丰富的学科知识和敏锐的信息判断能力，能够从海量的资源中筛选出符合教学需求的高质量资源。然而，由于缺乏专业人员，许多学校只能依靠非专业人员进行资源筛选，导致筛选结果不尽如人意。

第二，管理教育资源需要教育管理者具备一定的信息技术素养和管理能力，以便对资源进行分类、存储、更新和维护。然而，由于专业人员的数量有限，许多学校无法建立有效的资源管理机制，导致资源管理混乱无序。

第四节　学生数据质量问题

学生数据质量在学生教育管理信息化过程中显得尤为重要，它不仅关系数据本身的价值和可信度，还直接影响教育管理决策的科学性和有效性。

一、数据准确性问题

数据准确性是衡量数据质量的首要标准。在学生数据管理中，数据准确性问题主要表现为数据录入错误、数据更新滞后等。

（一）数据录入错误

数据录入是数据管理的第一步，也是确保数据准确性的关键环节。然而，由于多种因素的影响，数据录入过程中难免会出现错误。

1.人为因素

人为因素是数据录入错误的主要原因之一。在快速录入大量数据时，工作人员可能因为疏忽、疲劳或分心而犯错。此外，对录入规则的理解偏差、对字段的误判等也会导致数据录入错误。例如，将学生的姓名"张三"误录为"张山"，或将学号"20230101"误录为"20230110"，这些错误虽小，但可能对后续的数据分析和管理产生重大影响。

2.系统缺陷

系统本身的缺陷也是导致数据录入错误的一个重要因素。系统界面设计不合理、输入验证机制不完善、系统稳定性差等都可能提高数据录入的错误率。例如，如果系统没有设置字段长度的限制，用户就可能输入超出范围的数据；如果系统没有提供即时的输入验证反馈，用户就可能在不知情的情况下录入错误的数据。

3.技术限制

技术限制也可能对数据录入的准确性造成影响。例如，某些字符集或编码方式可能无法支持所有语言的字符，导致其在录入包含特殊字符或符号的数据时出现乱码或错误。此外，网络延迟、服务器故障等技术问题也可能导致数据在传输过程中发生错误。

数据录入错误不仅会增加数据清洗和修正的工作量，还可能对后续的数据分析和管理产生误导作用。因此，学校应采取有效措施来降低数据录入错误率，如加强人员培训、优化系统界面和验证机制、提高系统稳定性等。

（二）数据更新滞后

学生信息是动态变化的，包括学籍变动、成绩更新、奖惩记录等多个方面。然而，在实际操作中，部分学校可能未能及时更新学生数据，导致数据过时或失效。

1.管理流程不畅

管理流程不畅是数据更新滞后的一个重要原因。例如，学籍变动需要经过多个部门的审批和确认，如果部门之间的沟通协调不畅或审批流程烦琐，就可能导致学籍信息更新不及时。同样，成绩更新也需要教务部门、任课教师和系统管理员等多方面的协作和配合，如果协作不紧密或配合不默契也可能导致数据更新滞后。

2.系统自动化程度低

系统自动化程度低也是数据更新滞后的一个关键原因。如果系统不支持自动采集和更新数据的功能或者这些功能不够完善，就需要人工手动进行数据的录入和更新工作。

3.重视程度不足

部分学校对数据更新工作的重要性认识不足，因而在资源分配和人员配备上投入不足。这可能导致数据更新工作无法及时有效地开展，从而影响数据的时效性和参考价值。

数据更新滞后会削弱数据的参考价值并降低学生教育管理决策的科学性。因此，学校应加强对数据更新工作的重视和管理，通过优化管理流程、提高系统自动化程度、加强人员培训及优化资源配置等措施来确保学生数据的准确性。

二、数据完整性问题

数据完整性指数据应完整、无遗漏地反映实际情况。在学生数据管理中，数据完整性问题主要表现为数据缺失和数据碎片化。

（一）数据缺失

在数据采集过程中，部分关键信息可能由于各种原因未能被完整记录。例如，学生的家庭背景、特长爱好、心理健康状况等信息可能缺失，这将导致数据分析结果的不全面和偏差。

（二）数据碎片化

学生数据往往分散在各个部门或系统中，如教务处、学生处、图书馆等。这些部门之间缺乏有效的数据共享机制，加剧了数据碎片化现象。这种碎片化不仅增加了数据整合的难度，也降低了数据的使用效率。

三、数据一致性问题

数据一致性是指不同来源或不同时间点的数据应保持一致性。在学生数据管理中，数据一致性问题主要表现为数据冲突和数据冗余。

（一）数据冲突

数据冲突是指同一学生在不同部门或系统中的数据记录存在不一致的情况。这种冲突可能源于以下两方面：

1.数据标准不统一

不同部门或系统可能采用各自的数据标准和编码规则，导致同一数据项在不同系统中的表示方式存在差异。例如，学生的学号在不同的系统中可能采用不同的编码规则，从而引发数据冲突。

2.处理流程不一致

数据在采集、处理、存储和更新等环节中可能遵循不同的流程，这些流程的差异可能导致数据在传递过程中出现偏差。例如，教务处和学生处可能在更新学生成绩信息时遵循不同的时间表和审批流程，从而导致成绩信息在两个系统中不一致。

数据冲突给学生数据管理带来了诸多困扰。一方面，它可能导致教育管理决策基于错误的信息而做出，从而影响决策的准确性和有效性。另一方面，数据冲突还可能引发学生和家长的不满和质疑，损害学校的声誉和形象。

（二）数据冗余

数据冗余指同一学生的数据在不同系统中重复存储。这种冗余现象可能由以下原因引起：

1.数据共享机制不完善

学校内部各部门之间缺乏有效的数据共享机制，导致各部门在需要数据时不得不各自采集和存储。这种分散的数据存储方式不仅增加了数据冗余的风险，还降低了数据的使用效率。

2.系统设计缺陷

在某些情况下，系统设计本身可能存在缺陷，导致数据在存储和更新过程中出现重复。例如，系统可能未能在更新数据时及时删除旧的数据记录，或者在数据同步过程中未能正确处理重复数据。

数据冗余不仅浪费了存储空间资源，还增加了数据维护的难度和成本。过多的冗余数据可能使数据查找和更新变得更加困难，同时会增加数据出错的风险。

四、数据时效性问题

数据时效性指数据应及时、准确地反映当前情况。在学生数据管理中，数据时效性问题主要表现为数据更新不及时和数据过期。

（一）数据更新不及时

在学生数据管理中，数据时效性是一个至关重要的方面。数据的时效性与否直接关系数据能否准确、及时地反映学生的当前状况，进而影响学生教育管理决策是否具备有效性和针对性。数据时效性问题主要表现为数据更新不及时和数据过期两个方面。

数据更新不及时是学生数据管理中一个常见的问题，它可能由两种原因造成：

第一，学生数据更新的流程涉及多个部门和环节，如教务处、学生处、财务处等，每个环节都需要进行审批和确认，整个流程烦琐且耗时。当学生信息发生变化时，如果更新流程不能迅速响应，就会导致数据更新滞后。

第二，部分学校由于技术设备落后或系统不兼容等，因此数据更新效率低下。例如，某些系统不支持实时更新或批量处理功能，使数据更新变得困难且耗时。

数据更新不及时会严重影响数据的时效性。过时的数据无法准确反映学生的当前情况，如学生的成绩、奖惩记录、健康状况等，会导致学校在制订教学计划、评估学生表现、提供个性化服务等方面出现偏差。

（二）数据过期

数据过期指数据已经失去其原有的时效性，无法再作为当前决策的依据。在学生数据管理中，数据过期问题同样不容忽视。

虽然历史数据在一定程度上具有参考价值，但随着时间的推移，其时效性逐渐降低。对于过期的数据，如果不进行清理和归档处理，就可能干扰当前的数据分析和决策。例如，过时的学生成绩数据可能误导学校对学生学业进展的评估。此外，大量的过期数据会占用存储空间，增加数据维护的成本和难度。如果学校不及时清理这些过期数据，就可能出现存储空间不足的问题，影响系统的正常运行。

五、数据安全与隐私问题

随着信息化程度的提高和数据量的不断增加，数据安全风险也随之增加。

（一）数据安全风险

数据安全风险主要来源于外部和内部两个方面。外部风险包括黑客攻击、病毒入侵、网络钓鱼等恶意行为，这些行为旨在窃取、篡改或破坏学生数据。内部风险则可能由系统漏洞、操作失误、权限滥用等因素引起。无论是哪种风险，一旦发生都可能导致学生数据泄漏或被篡改，给学生的个人隐私和学校的声誉带来严重威胁。

（二）数据隐私保护不足

数据隐私保护不足是另一个需要被高度关注的问题。部分学校的管理人员由于法律意识淡薄或利益驱动等原因，未经允许就擅自使用或泄漏学生数据。这种行为不仅违反了相关法律法规的规定，也严重损害了学校的公信力和形象。

第五节　教育政策与法律
法规方面的挑战

一、教育政策的制定滞后于技术发展

（一）信息化建设受阻，资源浪费

技术的快速发展要求教育体系不断升级其信息化水平，以适应新的教学需求。然而，教育政策的滞后性导致政策制定时往往无法准确预测和把握技术发展的趋势，从而难以在教育体系中及时引入和应用新技术。这不仅使教育信息化建设难以跟上技术发展的步伐，还可能因为盲目投资而导致资源浪费。例如，某些地区可能花费大量资金建设了过时的教育信息化系统，而这些系统很快就被新技术取代，造成资金和资源的双重浪费。

（二）技术监管缺失，安全风险增加

新技术的引入往往伴随着一系列新的安全风险，如数据泄漏、隐私侵犯等。教育政策制定滞后于技术发展，意味着在新技术应用初期往往缺乏明确的监管框架和措施。这可能导致技术应用的不规范和混乱，从而增加安全风险。例如，某些在线教育平台可能因监管缺失而泄漏学生个人信息，给学生的隐私安全带来严重威胁。此外，缺乏监管还可能导致技术被滥用或误用，如利用算法对学生进行不公平的评价或筛选。

（三）教育管理创新受限，教学质量下降

教育管理需要不断创新以适应技术发展的要求。然而，教育政策的滞后性

限制了教育管理对新技术、新理念的及时采纳和应用。这可能导致学生教育管理体系僵化，难以灵活应对外部环境的变化。在这种情况下，学校可能无法及时引入新的教学方法和学习资源，从而不利于教学质量的提升。此外，学生教育管理创新的受限还可能抑制教师的积极性和创造力，使他们难以发挥最大的教学潜力。

（四）损害教育公平，加剧社会不平等

教育公平是社会公平的重要体现。然而，教育政策制定滞后于技术发展可能加剧教育不公平现象。一方面，新技术的引入和应用需要一定的资源支持，而资源分配的不均衡可能导致不同地区、不同学校之间的教育差距进一步拉大。另一方面，新技术可能加剧教育过程中的"数字鸿沟"，使那些无法接触或使用新技术的学生处于不利地位。

（五）学生未来发展受限，难以满足社会需求

教育政策的滞后性可能影响学生的未来发展。随着技术的快速发展和社会需求的不断变化，学生需要具备更加全面和多元的能力以适应未来的挑战。然而，如果教育政策无法及时响应技术发展的趋势和社会需求的变化，就可能导致学生所学知识与实际需求脱节。这使学生未来发展受限，难以满足社会需求。

二、法律法规不健全

在学生教育管理信息化的过程中，法律法规不健全问题日益凸显，特别是在学生个人信息保护和数据隐私安全方面，这一挑战尤为严峻。主要表现在以下四个方面：

第一，随着信息化建设的推进，学校为了提升教育管理水平和服务质量，需要收集学生的个人信息，包括但不限于学生的学习成绩、家庭背景、健康状况等。然而，目前关于学生信息收集和使用的法律法规却存在模糊地带，缺乏明确的标准和界限。这导致学校在实际操作中难以把握尺度，容易在不经意间侵犯学生的隐私权。例如，哪些信息是必须收集的？信息的收集范围应如何界定？这些问题在现有法规中缺乏明确的答案。

第二，技术的快速发展使数据收集、存储和处理的方式日新月异，而法律法规的更新速度往往无法跟上技术发展的步伐。在信息化建设中，学校可能采用各种先进的技术手段来管理学生信息，但这些新技术可能带来新的法律风险和挑战。例如，云计算、大数据等技术的应用使数据可以在多个服务器之间传输和存储，如何确保这些数据在传输和存储过程中的安全成为一个难题。而现有的法律法规可能无法为这些新技术提供充分的法律保障，导致学校在应用新技术时面临法律风险。

第三，随着全球化进程的加速，跨国教育逐渐成为教育领域的新趋势。然而，跨国教育涉及学生个人信息的跨国流动，这给学生信息管理带来了更为严峻的法律挑战。不同国家和地区在个人隐私保护和数据隐私安全方面的法律法规存在差异。如何确保在跨国教育中学生的个人信息得到充分的保护，如何协调不同国家和地区之间的法律差异，是当前亟待解决的问题。

第四，在学生信息管理过程中，如果学校或相关人员违反了关于个人隐私保护的法律法规，其法律责任往往不明确。这导致对违规行为的查处和追责变得困难重重。一方面，由于法规的不完善，无法对违规行为进行准确的定性和量刑；另一方面，即使能够确定违规行为，但由于缺乏明确的法律责任，导致对违规行为的惩处力度不够，无法起到有效的震慑作用。

三、政策执行难度大

在学生教育管理信息化的进程中，即使政策与法律法规相对完善，其实际执行仍面临诸多挑战。这些挑战主要源于地区差异、部门间协调及执行机制的复杂性。

（一）地区差异

1.经济水平差异

不同地区的经济发展水平不一，这直接影响学生教育管理信息化基础设施的建设和投入。经济发达地区可能拥有更先进的信息技术和设备，能够更有效地执行相关政策；而经济欠发达地区则可能因资源有限而难以达到同样的执行效果。

2.文化差异

文化背景和教育传统的差异也会影响政策的执行。例如，一些地区可能更注重传统的管理模式，对信息化管理模式的接受度较低，这会导致在执行相关政策时遇到较大的阻力。

3.教育水平差异

不同地区的教育水平也存在差异，这直接影响师生的信息素养和技术应用能力。在信息化教育管理政策执行过程中，如果师生的信息技术水平不足，将难以充分发挥信息化工具的优势，从而影响政策的执行效果。

（二）部门间协调的复杂性

1.跨部门沟通存在障碍

教育管理信息化涉及多个部门和领域的协调配合，如教育部门、信息技术部门、法律部门等。这些部门在职责、目标和利益上可能存在差异，因此在沟通协调时可能会出现障碍。缺乏有效的沟通机制和协作平台，使政策在执行过程中难以形成合力。

2.资源分配不均

在部门间协调过程中，资源分配不均也是一个重要问题。不同部门在学生教育管理信息化建设中的投入和关注点可能不同，导致资源难以得到合理配置。这不仅影响政策的执行效果，还可能造成资源的浪费。

3.政策执行标准不一

部门间的差异和沟通不足，可能导致政策在执行过程中出现标准不一的情况。这既可能源于相关部门对政策理解的不同，也可能源于部门间利益冲突。标准不一将直接影响政策的执行效果。

（三）执行机制的复杂性

1.政策执行链条长

学生教育管理信息化政策的执行往往涉及多个层级和环节，从中央到地方、从学校到师生，形成了一个长链条的执行体系。在这个链条中，任何一个环节的失误或拖延都可能导致政策执行效果不佳。

2.监督机制不完善

目前，对于学生教育管理信息化政策的执行缺乏有效的监督机制。这既包括内部监督机制的不足，如学校内部对政策执行情况的监督和评估；也包括外部监督机制的缺失，如政府和社会对政策执行效果的监督和反馈。监督机制的不完善使政策执行过程中出现的问题难以被及时发现和纠正。

3.缺乏激励机制

在政策执行过程中，激励机制的缺失也是一个重要问题。缺乏有效的激励机制将难以调动师生和相关部门的积极性和创造性，从而影响政策的执行效果。因此，学校需要建立科学合理的激励机制，对政策执行效果好的部门和个人给予表彰和奖励。

第七章　信息化赋能学生教育管理的
未来发展方向与建议

第一节　技术与教育的深度融合

一、智能化与个性化

在信息化赋能学生教育管理的未来发展中，智能化与个性化将成为核心趋势。这一趋势的驱动力主要来自人工智能、大数据、云计算等技术的持续进步和广泛应用。

（一）智能教学系统

智能教学系统能够利用大数据分析学生的学习行为、成绩表现、兴趣爱好等多维度数据，构建学生的个性化学习画像。基于这些画像，系统能够为学生推荐最适合他们的学习资源、学习路径和教学方法。例如，对于某个在数学领域表现出色的学生，系统会推荐更高级别的数学课程或更具有挑战性的数学竞赛题目，以进一步激发其学习兴趣。

（二）智能推荐系统

除了教学资源的推荐，智能推荐系统还能在课程内容、学习工具、学习伙伴等方面为学生提供个性化建议。通过对学生学习数据的深度挖掘，智能推荐系统能够发现学生之间的学习关联和差异，从而为他们推荐合适的学习伙伴或学习小组。这种基于共同兴趣和需求的社交学习模式，有助于提高学生的学习动力和参与度。

（三）精准教学

智能化与个性化的结合促进了精准教学的实现。教师可以借助智能教学系统提供的学生学习数据，了解每位学生的具体学习情况和需求，从而制定更具针对性的教学计划和策略。这种精准教学不仅提高了教学效率和质量，还促进了学生的全面发展。

二、虚拟现实与增强现实

虚拟现实（virtual reality, VR）和增强现实（augmented reality, AR）技术的应用为教育带来了全新的沉浸式和互动性体验。

（一）实验操作与技能训练

在自然科学、医学、工程等领域中，VR/AR 技术可以模拟复杂的实验环境和操作过程。学生可以在虚拟环境中进行实验操作、设备操作等技能训练。这种虚拟实践不仅提高了学生的动手能力和技能水平，还增强了他们的学习兴趣和自信心。

（二）历史场景重现与文化体验

在历史、地理、艺术等人文社科领域中，VR/AR 技术可以重现历史场景、展示文化遗产和艺术作品。学生可以通过佩戴 VR 头盔或使用手机等终端设备，身临其境地感受历史事件的发生过程、文化遗产的独特魅力和艺术作品的精湛技艺。这种沉浸式的学习体验有助于加深学生对历史文化的理解和认同。

（三）互动学习与探索

VR/AR 技术还提供了丰富的互动学习元素。学生可以在虚拟环境中与虚拟人物、动物或物体进行互动，通过触摸、抓取、旋转等操作来探索和学习知识。这种互动学习方式不仅激发了学生的学习热情和学习兴趣，还培养了他们的创新思维和解决问题的能力。

第二节　教育管理模式的创新

在教育管理模式中，数据驱动的决策、协同治理与资源共享是重要的创新趋势，它们共同推动着学生教育管理信息化的深入发展。

一、数据驱动的决策

随着学生教育管理信息化的不断推进，数据的收集、分析和应用在学生教育管理中扮演着越来越重要的角色。数据驱动的决策模式正在成为教育管理者制定政策、优化资源配置和提升管理效率的重要手段。

（一）数据收集与分析

教育管理信息化系统通过集成各类教育数据，包括学生成绩、学习行为、教师绩效、教育资源分布等，形成全面的数据仓库。利用大数据分析技术，学校可以对这些数据进行深度挖掘，发现潜在的教育规律和趋势。

（二）科学决策支持

基于数据分析的结果，教育管理者可以更加精准地把握教育现状和学生需求，制定针对性的政策措施。例如，通过对学生学习行为的分析，学校可以识别出学习困难的学生群体，为他们提供个性化的辅导和支持；通过对教育资源分布的分析，学校可以对资源进行优化配置，确保教育资源的公平分配和高效利用。

（三）动态调整与优化

数据驱动的决策模式强调决策的动态性和灵活性。教育管理者可以根据数据分析的实时结果，及时调整教育政策和资源配置方案，以适应教育发展的新形势和新需求。这种动态调整和优化机制有助于提升学生教育管理的效率和精准度。

二、协同治理与资源共享

学生教育管理信息化促进了教育系统的协同治理和资源共享，推动了各级教育部门、学校之间的信息共享和资源整合。

（一）协同治理机制

各级教育部门、学校可以基于学生教育管理平台协同工作，共同解决教育发展中面临的问题和挑战。例如，可以建立跨部门的工作机制，共同推进教育政策的制定和实施；可以开展校际合作，共同开展教育研究和教学活动。

（二）资源共享平台

各级教育部门、学校可以将自己的优质教育资源上传到统一的教育资源平台上，供其他部门和学校使用。这不仅可以避免教育资源的重复建设和浪费，还可以提高教育资源的利用效率和质量。同时，资源共享平台的建设和运营可以推动教育资源的不断优化和更新。

（三）推动教育公平

协同治理与资源共享的模式有助于推动教育公平的实现。通过数据驱动的决策和资源的优化配置，学校可以确保每个学生都能获得适合自己的教育资源和机会。同时，加强各级教育部门、学校之间的合作和交流，可以缩小地区之间、学校之间的教育差距，促进教育均衡发展。

在数据驱动的决策、协同治理与资源共享方面，教育管理模式的创新取得了显著成效。这些创新不仅提升了学生教育管理的效率和精准度，还推动了教育资源的优化配置和共享利用，为教育事业的持续健康发展提供了有力支持。

第三节 教育服务的优化和升级

在教育服务的优化与升级方面，在线教育与混合式教学，以及个性化学习支持是两个重要的发展方向。

一、在线教育与混合式教学

（一）在线教育平台的建设与推广

随着网络技术的普及和发展，在线教育以其便捷性、灵活性和个性化特点，成为未来教育的重要形式之一。学生教育管理信息化将更加注重在线教育平台的建设和推广，为学生和教师提供更加丰富、高质量的教育资源和学习环境。在线教育平台不仅可以提供多样化的课程资源，还能够实现跨地域、跨时间的师生互动，打破传统教育的时空限制，为广大学生提供更加广阔的学习空间。

（二）混合式教学模式的应用

混合式教学模式是将在线教育与线下课堂教学相结合的一种新型教学模式。通过融合两者的优势，混合式教学模式能够实现线上、线下的有机结合，丰富教师的教学效果和学生的学习体验。一方面，线上教学可以为学生提供自主学习、互动交流的平台，使他们能够根据自己的学习进度和需求进行个性化学习；另一方面，线下课堂教学则可以为学生提供更加直观、互动性强的学习环境，通过教师的指导和同学之间的合作，加深对知识的理解和掌握。

混合式教学模式的应用不仅可以提高学生的学习兴趣和积极性，还能够培养他们的自主学习能力和团队合作意识。在学生教育管理信息化的推动下，混合式教学模式将得到更加广泛的应用，成为未来教育发展的重要趋势。

二、个性化学习支持

（一）智能学习系统的应用

未来，在推进信息化赋能学生教育管理时，将更加注重对学生个性化学习需求的支持。通过引入智能学习系统，学校可以为学生提供个性化的学习路径和资源推荐。智能学习系统能够根据学生的兴趣、能力和学习进度等因素，智能地为他们定制学习计划和课程内容，使每个学生都能够得到个性化的学习支持。

（二）学习分析工具的使用

除了智能学习系统，学习分析工具也是支持学生个性化学习的重要手段。教师可以使用学习分析工具对学生的学习数据进行收集和分析，了解他们的学习状态和学习效果，更加准确地把握学生的学习需求和存在的问题，为他们提供具有针对性的学习指导和支持。

第四节　区块链技术与政策支持

一、区块链技术

区块链技术，作为一种前沿的去中心化、防篡改的分布式账本，在信息化赋能学生教育管理过程中具有巨大的应用潜力。展望未来，随着该技术的不断演进与成熟，它将在确保学生数据安全、提升信息透明度，以及有效抵御信篡改与泄漏方面发挥关键作用。

区块链技术的核心优势在于其去中心化的特性，这从根本上改变了传统学生信息管理系统的运作模式。在传统模式下，学校作为中心节点，掌控着数据的存储与管理，这种集中化的模式极易成为黑客攻击或内部违规操作的目标。学校可以使用区块链技术构建一个由多个节点共同维护的分布式网络，实现学生信息的去中心化存储，从而有效分散风险，显著提升系统的安全性。即便某个节点遭受攻击，整个网络的数据安全也不会受到影响。

区块链技术的另一个关键特性是不可篡改性。这一特性确保了所有记录在区块链上的学生信息一旦生成，便几乎无法被篡改或删除。每个新区块都包含对前一个区块内容的加密引用，形成了一条坚不可摧的数据链。任何试图修改链上信息的行为都会立即暴露，从而维护了信息的真实性和完整性，有效遏制了虚假信息的滋生。

此外，区块链技术还极大地提升了学生信息的透明度。在传统系统中，学生和家长往往难以直接、实时地验证学生信息的准确性，这在一定程度上削弱了信息的可信度。而区块链由于其具有公开透明的特性，允许所有授权用户直接访问区块链网络上的学生信息，实现了信息的透明共享。这种高度的透明特性不仅提高了信息的可访问性，还加深了学生、家长及学校之间的信任。

二、政策支持

（一）制定明确的信息安全政策

制定明确的信息安全政策对于保护学生个人隐私和数据安全至关重要。这一政策应当在学校学生教育管理的信息化建设中发挥指导和监管作用，确保各项管理活动符合法规要求，并最大限度地保障学生的信息安全。

第一，信息安全政策必须清晰界定所遵循的法规与标准，涵盖国家法律法规、行业公认标准及学校特定需求，以保障信息处理活动的合法性与规范性。该政策需明确指出学校信息化建设的法律基础，确立信息处理的具体合规要求，为学校的各项管理提供明确指南。

第二，信息安全政策应详尽规定学校信息资产的分类及保护等级。鉴于不同信息资产在重要性和潜在风险上的差异，政策需对信息进行细致分类，并为每类信息量身定制适宜的安全保护级别。此举旨在实现安全控制的差异化与精细化，确保各项信息都能得到恰当且有效的保护。

第三，信息安全政策需确立学校内部信息使用与共享的基本原则，清晰界定信息的收集、存储、处理及共享界限与条件。此举旨在预防信息的非法使用与滥用，保障信息的安全性与隐私性。同时，政策应强调建立合法、合规的信息共享机制，确保信息流通过程既透明又可控，从而维护信息环境的健康与秩序。

第四，信息安全政策必须详尽规定在信息处理各环节中的安全控制措施，覆盖网络安全、数据加密、严格的访问控制及身份验证等多个方面。这些措施旨在确保信息在传输、存储及处理的每一步骤中都得到保护。此外，还应确立定期的信息安全审计与检查制度，通过系统性的评估与审查，及时发现并纠正潜在的安全漏洞与隐患，从而不断提升信息安全防护水平。

第五，信息安全政策必须配套建立一套严格的违规惩戒体系，以确保政策的权威性与执行力。针对任何违反信息安全规定的行为，学校应明确界定一系列递进式的惩戒措施，从轻微的警告到严肃的处罚，直至追究法律责任。这样的制度设计旨在通过明确的后果预期，有效遏制违规行为，为信息安全政策的顺利执行奠定坚实基础。

（二）推动数字化教育政策的实施

数字化教育政策的实施对于学校提升学生教育管理水平和适应社会发展至关重要。政府在推动数字化教育政策实施的过程中扮演着重要的角色。政府在这一过程中应当采取一系列强有力的措施，包括提供资金支持、制定相关标准和指导文件等，来促进学校学生教育管理的信息化建设。

1.提供资金支持

资金支持是数字化教育政策成功实施的基石。政府应加大财政投入力度，为学校提供充足的资金支持，以便学校引进先进的信息技术设备、研发教育软件及建设数字化教学环境。这将促进学校信息技术基础设施的现代化，为学校学生教育管理信息化的普及与深化奠定坚实的基础。同时，为了激发学校对学生教育管理改革的热情，政府可以采取多种激励措施，如设立专门的数字化教育发展基金，为积极参与改革的学校提供资金补贴，以此鼓励它们不断探索与实践，共同推动学生教育管理的数字化转型迈向新高度。

2.制定标准，发布指导文件

针对学生教育管理信息化的需求，政府应当制定一套详尽且明确的标准体系，以规范和指导学校的数字化教育实践。这些标准涵盖教育技术标准、教育信息安全标准及数字化教育课程标准等。通过制定这些标准，政府为学校的数字化教育实践指明了方向、提供了依据。学校能够依据标准选择合适的数字化教育工具，实现教育资源的优化配置与高效利用，不断推进学生教育管理信息化。

为了进一步支持学校实施数字化教育政策，政府还应发布相关的指导文件，给出实施学生教育管理信息化的具体方法与策略。这些指导文件可以分享成功案例与经验，帮助学校解决在实施过程中遇到的问题与挑战。在政府的引导与支持下，学校能够更加顺利地推进学生教育管理信息化的进程，提升教育管理水平，为学生的全面发展创造更加有利的条件。

3.构建数字化教育培训体系

推进学生教育管理信息化，教师的角色转型与能力提升是重中之重，因此构建一套完善的数字化教育培训体系显得尤为重要。这一体系的核心目标在于赋能教师，使他们在学生教育管理信息化的浪潮中成为引领者和实践者。

首先，政府应鼓励和支持建立专门的数字化教育培训平台或机构，这些平台或机构需紧密围绕学生教育管理信息化的实际需求，设计一系列科学、系统的培训课程。其次，政府应积极组织并培养一支高素质、专业化的培训师资队伍。这些师资不仅需要具备深厚的数字化技术背景，还应熟悉教育管理的理论与实践，能够结合具体案例，为教师提供生动、实用的教学指导。最后，政府还应倡导建立教师间的交流与合作机制，鼓励教师分享在数字化教育管理中的成功经验与遇到的问题，共同探索解决之道。这种合作与交流不仅有助于教师个人能力的提升，还能促进整个教育系统的发展。

4.鼓励跨界合作

在推动学生教育管理信息化的进程中，政府应当积极倡导并鼓励学校与企业、科研机构等建立紧密的合作关系。这种跨界合作模式的建立，能够有效地整合社会资源，实现优势互补。首先，学校是教育实践的前沿阵地，学生教育管理信息化需要在学校中实践并进一步完善。企业与科研机构在技术创新和产品研发方面具有显著优势。因此，通过与这些企业和机构的紧密合作，学校可以及时了解并掌握最新的数字化教育技术成果，并将其应用于学生教育管理的实践中，提升管理效率与服务质量。同时，企业与科研机构可以从学校的实际需求出发，更有针对性地进行技术研发和产品创新，确保数字化教育技术成果具有实用性。

其次，跨界合作还能够促进教育理念的更新与教学模式的变革。在合作过程中，学校可以借鉴企业高效的管理模式和先进的服务理念，将其融入学生教育管理的各个环节，推动教育管理向精细化、智能化的方向发展。同时，企业与科研机构可以从合作中汲取灵感，将教育元素融入技术研发和产品设计，打造更加符合学校需求的产品。

最后，政府可以通过制定相关政策措施和提供必要的支持服务，为跨界合作营造良好的发展环境。例如，政府可以设立专项基金用于支持数字化教育技术的研发、应用与推广；可以建立合作交流平台促进学校、企业与科研机构之间的信息共享与经验交流；等等。这些措施将有力地推动学生教育管理信息化的深入发展。

第五节　学生教育管理队伍的建设

一、教育管理者的专业培训与发展

（一）建立全面的教育管理专业培训体系

建立全面的教育管理专业培训体系对培养教育管理者至关重要。这一体系应该涵盖多个方面，包括管理理论、信息技术应用、心理学等，旨在提升教育管理者的综合素养，使其更好地适应学生教育管理复杂和多变的环境。

1.管理理论培训

管理理论培训是全面教育管理专业培训体系的核心。它不仅覆盖了组织管理、领导理论与决策科学等关键领域，还为教育管理者能力的提高奠定了坚实的基础。通过系统化的学习，教育管理者能够深刻洞察并熟练掌握这些理论精髓，进而在实践中游刃有余。

2.信息技术应用培训

信息技术应用培训的重要性随着信息技术的快速发展而日益凸显。随着教育领域全面向数字化、智能化转型，学生教育管理也紧跟时代步伐，愈发依赖信息化手段来优化流程、提高效率并保障教育质量。对于教育管理者而言，掌握最新的信息技术已成为必备能力之一。这不仅要求他们了解技术的最新进展，还需要他们具备将这些技术应用于学校日常管理中的能力。通过对信息技术应用的培训，教育管理者可以学习如何运用先进的教育管理系统来简化管理流程、提高信息透明度，以提升管理效能和服务水平。

3.心理学培训

心理学培训有助于教育管理者更好地理解和满足学生、教职工等不同群体的心理需求。教育管理本质上超越了单纯的组织运营范畴，其核心在于对人性的洞察与人的潜能的激发。通过深入学习心理学知识，教育管理者能够洞悉个体和群体的行为动机，从而在管理中展现出良好的灵活性与人文关怀。这使教育管理者能够设计出更加高效的管理策略，从而有效促进学校内部的人际和谐。

建立全面的教育管理专业培训体系是为了满足对教育管理者综合素养的需求。这一培训体系不仅要注重理论知识的传授，还要强调实践能力的培养。只有对教育管理者进行全面的培训，才能为学校的可持续发展提供坚实的人才支持。

（二）鼓励教育管理者参与实践与研究

为了推动学生教育管理的信息化发展，学校应鼓励教育管理者积极参与实践与研究。这对于提升管理效能、优化教育环境具有重要意义。

1.参与实践

随着信息技术的广泛应用，学生教育管理信息化已成为不可逆转的趋势。教育管理者需要紧跟时代步伐，将信息技术深度融入日常管理工作。这不仅要求他们掌握相关的信息技术工具和平台操作技能，更需要他们通过实践来探索如何利用信息化手段提高管理效率、优化管理流程。因此，学校应鼓励教育管理者主动参与信息化实践项目，如开发或优化学生信息管理系统、利用大数据分析学情等。

2.参与科研

科研是推动学生教育管理创新的重要动力。在信息化背景下，学校鼓励教育管理者参与科研活动，探索信息化管理的新理论、新方法、新技术。通过参与科研活动，教育管理者可以深入研究信息化手段在学生教育管理中的应用效果、存在问题及改进策略，从而为管理实践奠定基础。学校应设立专项科研基金，支持教育管理者的科研项目，并提供必要的研究资源和平台，鼓励跨学科、跨领域的合作研究，促进学生教育管理的理论创新与实践应用。

3.实践与研究相结合

实践与研究是相辅相成的两个过程。教育管理者在参与实践项目的过程中，会遇到各种实际问题和挑战，这些问题和挑战正是科研活动的宝贵素材。通过科研活动，教育管理者可以深入分析这些问题的根源和本质，提出有效的解决方案和策略。而这些解决方案和策略又可被应用于实践项目中，进一步验证可行性和有效性。因此，学校应鼓励教育管理者将实践与研究紧密结合，形成持续改进的循环，不断推动学生教育管理水平的提升。

4.建立交流平台

为了促进教育管理者之间的交流与合作，学校应建立有效的交流平台，如定期举办研讨会、学术论坛、经验分享会等。这些平台可以为教育管理者提供一个展示自己实践成果和科研成果的机会，也可以让他们从其他同行那里学习到宝贵的经验。交流平台的建立，可以形成一种良好的学习氛围和合作文化，推动教育管理者的成长和进步。

（三）构建综合性的激励机制

构建综合性的激励机制，包括晋升、薪酬和培训等方面，可以更好地激发教育管理者的工作热情，并吸引更多有潜力的人才加入学生教育管理队伍。这种积极的激励体系不仅有助于提高教育管理者的工作动力和效率，也能够为学生教育管理事业的可持续发展奠定人才基础。

首先，晋升机制是激励机制的基石。学校可以设定清晰、具体的晋升标准和路径，以帮助教育管理者明确自己的职业发展方向，树立明确的奋斗目标。

合理的晋升机制应基于教育管理者的业绩、能力和贡献进行综合评估，并确保评价过程的公正与透明。这样的设计不仅能够激发教育管理者的内在动力，还能在团队内部形成良性的竞争氛围。

其次，薪酬是教育管理者劳动价值的直接体现，也是激励其奋斗的重要手段。为了激发教育管理者的工作热情，学校应制定一个具有激励措施的薪酬政策。这一政策应充分考虑教育管理者的实际贡献和绩效表现，给予出色者更高的薪资回报。同时，将薪酬与工作绩效挂钩，形成公正、公平的薪酬体系，使教育管理者的努力与收获成正比。

最后，除了晋升和薪酬激励，为教育管理者提供丰富的培训和发展机会也是这一综合性激励机制的关键。学校可以通过组织专业培训、学术交流、提供研究支持等方式，帮助教育管理者不断提升专业素养和管理能力，使其在学生教育管理领域保持领先地位。这种注重个人成长的激励机制有助于培养一支高素质、专业化的管理队伍，为学生教育管理事业的发展提供坚实的人才保障。教育管理者在不断提升自我的过程中也能感受到组织的关怀和支持，从而更加忠诚于团队和事业。

二、信息技术人才队伍的建设

（一）加强信息技术人才的培训与引进

加强信息技术人才的培训与引进是学生教育管理信息化建设不可或缺的一环。通过培养内部人才和引入外部专业人才，学校可以构建一个高效、专业的信息技术团队，为学生教育管理信息化发展提供坚实的技术支持。

学校应制订一份系统、全面的信息技术培训计划，旨在全面提升教育管理者的信息技术应用能力。培训内容需紧跟时代步伐，涵盖最新的技术趋势、前沿的系统操作技巧及高效的维护策略。通过参与这样的培训，教育管理者不仅能够掌握最新的信息技术知识，还能将其灵活应用于日常工作中，提高工作效率和质量。此外，培训应注重实践环节，加深教育管理者对知识的理解和记忆，确保培训成果能够真正转化为实际工作能力。

在加强内部培训的同时，学校应积极引进具有丰富经验和专业技能的信息技术专家。这些专家不仅要具备深厚的理论基础，还要拥有丰富的实战经验，能够为学校提供精准的技术指导和建议。他们的加入将极大地增强学校信息技术团队的力量，帮助学校解决复杂的技术难题，推动学生教育管理信息化建设项目的顺利实施。同时，这些专家能与学校现有团队形成优势互补，共同提升学校信息技术的整体水平。

（二）激发信息技术人才的创新潜力

在推动学生教育管理信息化建设的过程中，激发信息技术人才的创新潜力至关重要。为此，学校应构建一个全方位的创新生态系统，建立一系列机制，采取一系列措施，为信息技术人才提供源源不断的创新动力。

1.构建激励机制，激发内在动力

学校应建立一套科学、合理的激励机制，以荣誉、物质及个人成长等多维度奖励，表彰在信息技术创新领域表现突出的个人或团队。这包括但不限于设立创新奖项、提供项目经费支持、开辟专属晋升通道等，确保信息技术人才的每一分努力都能得到应有的认可与回报。学校通过实施这一激励机制，能够极大地激发信息技术人才的内在动力，促使他们更加积极地投身于创新实践之中。

2.强化项目支持，拓展创新空间

为了将创新想法转化为实际成果，学校应设立专门的创新项目基金，为信息技术人才提供充足的资金支持。同时，组建由行业专家、学者组成的导师团队，为信息技术人才的创新项目提供全程指导与技术支持。此外，学校还应优化项目管理流程，确保项目能够高效、有序地推进。通过强化项目支持，学校为信息技术人才搭建了一个宽广的创新舞台，让他们有机会将创新理念转化为具有实际应用价值的成果。

3.打造创业空间，加速创新转化

为了进一步推动信息技术创新的成果转化，学校应设立创业孵化中心或科技园区，为有志于创业的信息技术人才提供全方位的创业支持。这包括提供办公空间、技术设备、法律咨询等服务，以及引入风险投资、天使投资等资金资源，助力创新项目快速孵化。

4.促进跨学科合作，增强创新合力

信息技术的发展离不开与其他学科的深度融合。学校应积极推动信息技术人才与教育领域专家、教育心理学家等跨学科人才的交流与合作，共同探索信息技术在教育领域的新应用、新模式。通过跨学科合作，信息技术人才可以更加深入地理解教育需求，从而提出更具针对性、实用性的创新方案。同时，跨学科合作也有助于激发信息技术人才的创新思维和创造力。

5.组织创新交流活动，激发灵感碰撞

为了促进信息技术人才之间的交流与分享，学校应定期组织创新研讨会、技术沙龙等活动。这些活动不仅为信息技术人才提供了一个展示自己创新成果的平台，还为他们提供了一个与同行交流思想、碰撞灵感的机会。

第六节　学生教育管理的
持续评估与改进

一、建立全面的质量评估体系

（一）制定科学的教育管理绩效评估指标

制定科学的教育管理绩效评估指标是提升学校学生教育管理水平的关键步骤。这些指标包括教学质量、学生发展、管理效能等多个方面的指标。

1.教学质量

教学质量作为教育管理的核心，其评估指标应聚焦于教学方法的创新性、教师队伍的专业性及学科设置的合理性。具体而言，学校可设立如课堂互动效果、学生满意度调查、教学资源更新频率等细化指标，通过定量与定性相结合的方式，精准把握教学质量的动态变化。同时，学校应鼓励教师采用多元化教学手段，注重学生能力培养，以提升整体教学质量。

2.学生发展

学生发展是教育工作的根本目的。在制定学生发展评估指标时，不能只评估学业成绩，而是要全面考量学生的综合素质、创新能力及团队协作能力。学校应引入学生综合素质评价、创新实践活动参与度、社会实践能力等指标，多维度展现学生的成长轨迹。此外，学校还应关注学生个性发展，鼓励其探索自我潜能，培养终身学习的能力。

3.管理效能

管理效能是学校整体运行效率的直接体现。在制定管理效能评估指标时，学校需从学校组织架构、资源配置、决策机制等多个维度出发，综合考量管理层的领导力、决策的科学性及资源利用效率。学校应通过设立管理决策质量评估、资源优化配置指数、组织架构适应性评价等细化指标，客观反映学校学生教育管理效能的优劣。

为确保学生教育管理绩效评估的科学性、客观性和公正性，在进行指标体系的构建时，应广泛征求学生、家长及教育管理者的意见与建议，形成多方共识。在指标设置上，应注重指标间的相互关联性和权重分配的合理性，确保评估结果的全面性和准确性。同时，采用定期评估与动态调整相结合的方式，根据教育发展的新趋势、新要求，不断优化完善评估指标体系，以更好地引领和推动教育管理的持续进步。

（二）强化内外部评估的结合

强化内外部评估的结合是一种有效的提升学校学生教育管理水平和教育质量的手段。通过内外部评估相互结合，学校能够更全面地了解自身情况，发现问题，从而提升管理水平，进而为学生提供更优质的教育服务。

学校内部评估是学生教育管理的重要环节。学校内部评估由教职员工、学生及管理层共同参与，其独特优势在于能够深入学校日常运作的细微之处，直接触及教育实践的"脉搏"。通过定期的内部评估，学校能够迅速识别并应对内部问题，促进自我完善与持续成长。

然而，为了确保评估的全面性与公正性，引入外部专业评估机构是必要的。外部评估以独立性、客观性和专业性著称，具有丰富经验，能够为学校带来新鲜视角，提供"旁观者清"的深刻洞察。外部评估不仅能够对学校的各项工作进行细致入微的审查，还能揭示那些内部评估可能忽略的盲点与不足，为学校的改进策略提供坚实的数据支撑和专业指导。因此，构建一个融合学校内部评估与外部评估的综合评价体系，是提升教育质量、实现教育目标的关键。这一体系要求学校在内部评估的基础上，积极寻求外部评估的支持与配合，通过两者的有机结合，形成优势互补、相互促进的评估生态。

在实施过程中，学校应精心挑选具备高度独立性和专业能力的外部评估机构，确保评估工作的公正性和权威性。同时，学校需保持开放姿态，积极向评估机构提供真实、全面的信息资料，确保评估过程的顺利进行和评估结果的准确性。此外，学校还应加强与评估机构的沟通协作，共同探讨评估中发现的问题与挑战，共同制定切实可行的改进方案，推动学校学生教育管理的持续改进与管理水平的提升。

二、学生教育管理信息化建设的持续改进

（一）定期进行信息技术更新与升级

在数字化转型的浪潮中，学校信息化建设已成为提升教育质量、优化管理效率的关键途径。而定期对信息技术进行更新与升级，则是这一进程中不可或缺的核心策略。它不仅是学校紧跟科技步伐、保持竞争力的必要手段，更是确保教育服务与时俱进、满足多元化需求的重要基石。

1.适应科技变革，引领教育创新

信息技术的迅猛发展，不断推动着教育领域的创新与变革。定期更新与升级信息技术设备和系统，意味着学校能够持续吸纳最新的科技成果，如云计算、大数据、人工智能等，为教学管理、教育资源分配、学生个性化学习等方面不断带来变革。这种前瞻性的布局，不仅提升了学校学生教育管理的智能化水平，更促进了教育模式的创新，使教育更加符合时代的需求和学生的期待。

2.优化系统性能，提升服务品质

随着时间的推移，原有的信息技术系统可能会因技术过时、性能下降而无法满足日益增长的教育需求。定期更新与升级，能有效解决这一问题。新的硬件设备具备更高的处理速度和更大的存储容量，能够显著提升系统响应速度和数据处理能力。而新的软件系统通过优化算法、改进界面设计等方式，能够

为用户提供更加流畅、便捷的操作体验。

3.强化安全防线，保障数据安全

在信息化时代，数据安全是学校不可忽视的重要问题。随着网络威胁的日益复杂和多样化，学校必须时刻保持警惕，加强信息系统的安全防护。定期更新与升级，是提升信息系统安全性的有效途径之一。通过引入最新的安全技术和防御策略，学校能够及时发现并修复系统漏洞，提高抵御外部攻击的能力。同时，新的安全机制能更好地保护学生隐私和学生数据安全，为学生教育管理信息化建设提供坚实的后盾。

（二）建立信息技术应用效果评估机制

在信息化时代，信息技术已深度融入学校管理的各个环节，成为提升教育管理效率与质量的重要工具。然而，要确保信息技术投入与产出之间的合理平衡，就必须建立起一套完善的信息技术应用效果评估机制。这一机制的重要性在于，它能够为教育管理提供科学决策的依据，确保教育资源的优化配置和信息技术效益的最大化。

1.评估机制的核心价值

信息技术应用效果评估机制的核心价值在于其能够为教育管理者提供全面、深入的视角，以审视和评估信息技术在学生教育管理中的实际效果。通过这一机制，教育管理者可以清晰地看到信息技术影响学生教育管理的各个方面的方式，包括流程优化、效率提升、教育质量提高等。

2.评估内容的多元化

信息技术应用效果评估的内容广泛而深入，它不仅关注技术本身的性能指标，如稳定性、速度、安全性等，更重视信息技术与学校实际管理需求的契合度及用户的使用体验。同时，评估需关注信息技术对教育流程的重塑作用、管理效率的提升效果，以及对学生学习成果和教育质量的长期影响。这种多元化的评估内容，有助于全面、客观地反映信息技术的实际应用价值。

3.评估方法的科学与灵活

在评估方法上，信息技术应用效果评估机制应注重定性与定量相结合的原则。定性评估通过收集用户反馈、调查使用情况等方式，深入了解用户对信息技术的满意度、使用体验及改进建议；定量评估则依托数据分析技术，对信息技术的使用数据、系统运行数据等进行深入挖掘与分析，以量化指标衡量其在教育管理中的实际效果。

4.评估结果的深远影响

信息技术应用效果评估机制所产生的评估结果，对于教育管理者而言具有深远的指导意义。它为学校提供了进一步优化信息技术应用的明确方向，帮助教育管理者及时调整策略、优化资源配置。同时，评估结果的公开透明，有助于增强学校与利益相关方之间的信任与合作，共同推动学生教育管理信息化的深入发展。

参 考 文 献

[1] 程传兴，廖富洲，吴盼秋.数字赋能乡村治理的逻辑机理与优化路径[J].
决策科学，2023（4）：85-96.

[2] 杜振宁，孙启昌.数字赋能高职教育教学改革探索与实践：以杨凌职业技
术学院为例[J].杨凌职业技术学院学报，2023，22（4）：43-46.

[3] 古彬.信息化赋能高校体育教学高质量发展：评《信息化时代体育教学思
维转变及其改革发展探索》[J].中国科技论文，2023，18（12）：1414.

[4] 郭炜.数字赋能，助力学历继续教育质量提升[J].在线学习，2023（12）：
91.

[5] 李培兴.数字化赋能职业教育课程改革探索研究[J].现代职业教育，2024
（1）：165-168.

[6] 李娉婷.智能技术赋能小学教育教学改革的路径[J].学园，2024，17（4）：
49-51.

[7] 李霞.数字赋能环境犯罪治理的维度与完善建议[J].河南警察学院学报，
2023，32（6）：46-53.

[8] 练方芳，刘飞.职业教育信息化巩固脱贫成果与赋能乡村振兴的路径研究
[J].教育科学论坛，2023（36）：15-18.

[9] 梁丽肖.教育信息化背景下高校管理机制探究[M].长春：吉林人民出版
社，2021.

[10] 林丽萍.信息化赋能，让教育更"智慧"[N].安徽日报，2023-12-25（012）.

[11] 林雨."互联网＋"背景下地方高校学生教育管理新模式研究[D].株洲：
湖南工业大学，2022.

[12] 卢保娣.大数据时代高校教育管理及其信息化建设[M].长春：吉林大学

出版社，2021.

[13] 毛海舟.数字时代"三教"改革赋能高职教育高质量发展研究[J].中国成人教育，2023（23）：19-22.

[14] 倪萍，闫红，张玉洋.信息化视角与学生教育管理研究[M].长春：吉林出版集团股份有限公司，2022.

[15] 万畅.数字技术赋能社区教育创新发展研究[J].安徽电子信息职业技术学院学报，2023，22（4）：84-87.

[16] 王皎."双高"建设背景下高职思政教育"提质赋能"的路径探析[J].杨凌职业技术学院学报，2023，22（4）：78-81.

[17] 王新峰，盛馨.信息化思维下的高校学生管理[M].长春：吉林文史出版社，2016.

[18] 吴昌利.聚焦数字化转型赋能问题化学习："问题化学习"全国母体校探索之路[J].教育，2024（2）：33-34，37.

[19] 徐昌.高职院校"四史"教育类课程信息化改革路径探讨[J].重庆电力高等专科学校学报，2023，28（6）：57-60.

[20] 燕允学.新时期学生教育与管理工作研究[M].北京：北京工业大学出版社，2021.

[21] 杨晔珺.大数据背景下高校教育管理信息化建设现状研究[J].创新创业理论研究与实践，2022，5（20）：67-69.

[22] 姚丹，孙洪波.高校教育信息化管理与学生管理工作[M].北京：中国纺织出版社有限公司，2021.

[23] 尹新，杨平展.融合与创新：高校教育信息化探索与实践[M].长沙：湖南科学技术出版社，2018.

[24] 于艳文.数字技术赋能农村基层党建多维路径探赜[J].智慧农业导刊，2024，4（2）：93-96，100.

[25] 郑立冬.教育信息化赋能中职教育"三教"改革的实践思考[J].职业，2023（24）：16-18.